ARBEITSGEMEINSCHAFT FÜR FORSCHUNG
DES LANDES NORDRHEIN-WESTFALEN

GEISTESWISSENSCHAFTEN

78. Sitzung
am 15. Februar 1961
in Düsseldorf

Das Bild Karl Anton von Martinis
ist der Allgemeinen Deutschen Bibliothek 38. Band, 1. Stück,
Berlin und Stettin 1779, entnommen.

ISBN 978-3-663-00975-7 ISBN 978-3-663-02888-8 (eBook)
DOI 10.1007/978-3-663-02888-8

Gesamtherstellung: Westdeutscher Verlag ·

CARL·ANTON·DE·MARTINI.

WALTER SCHMIDT-RIMPLER

ZUM

GOLDENEN DOKTORJUBILÄUM ZUGEEIGNET

Inhalt

Abkürzungen

ABGB	=	Allgemeines Bürgerliches Gesetzbuch für die gesamten deutschen Erbländer der Österreichischen Monarchie von 1811.
AGB	=	Allgemeines Gesetzbuch für die Preußischen Staaten von 1791.
ALR	=	Allgemeines Landrecht für die Preußischen Staaten von 1794.
BGB	=	Bürgerliches Gesetzbuch.
GS	=	Preuß. Gesetzessammlung
HZ	=	Historische Zeitschrift.
JGS	=	Gesetze und Verfassungen im Justizfache.
NCC	=	Novum Corpus Constitutionum etc.
WGGB	=	Bürgerliches Gesetzbuch für Westgalizien von 1797.
ZGB	=	Schweizerisches Zivilgesetzbuch von 1907.
ZRG	=	Zeitschrift der Savigny-Stiftung für Rechtsgeschichte, Germ. Abt. = Germanistische Abteilung, Kan. Abt. = Kanonistische Abteilung.

Vorwort

Am 16. Oktober 1957 konnte ich in dieser Arbeitsgemeinschaft einen Vortrag über „*Die geistigen Grundlagen des Allgemeinen Landrechts für die Preußischen Staaten von 1794*“ halten[1]. Damals war die Ausgabe der Vorträge des eigentlichen Verfassers des ALR von 1794, des Geheimen Ober-Justiz- und Tribunalrates *Carl Gottlieb Svarez* (1746–1798), noch in der Vorbereitung. Diese Vorträge sind inzwischen in der Reihe der Wissenschaftlichen Abhandlungen dieser Arbeitsgemeinschaft erschienen[2]. Sie vermitteln ein klares Bild der Rechts- und Staatsanschauung in *Preußen* am Ende des 18. Jahrhunderts, ermöglichen aber auch darüber hinaus, gewisse Parallelerscheinungen in *Österreich* eingehender zu würdigen und damit einen Beitrag zur Erkenntnis der Staatstheorie und Staatspraxis des sog. aufgeklärten Absolutismus in den beiden führenden deutschen Staaten beizusteuern. In beiden Staaten lassen sich rechtsstaatliche Bestrebungen nachweisen, die sogar einen nachhaltigen Einfluß auf das Privatrecht ausüben konnten.

In den folgenden Darlegungen wird auf einige Gedankengänge des erwähnten Vortrages von 1957 zurückgegriffen werden müssen: einmal um das Gesamtbild der Entwicklung schärfer hervortreten zu lassen, ferner um einer neuerlichen stark politisch gefärbten These über die Bedeutung des ALR von 1794 und seiner Verfasser, vor allem C. G. Svarez', entgegentreten zu können.

Vor wenigen Monaten ist in Ost-Berlin unter dem Titel „*Allgemeines Landrecht und Klassenkampf. Die Auseinandersetzungen um die Prinzipien des Allgemeinen Landrechts Ende des 18. Jahrhunderts als Ausdruck der Krise des*

[1] Erschienen als Heft 77 der Schriftenreihe der Arbeitsgemeinschaft für Forschung des Landes Nordrhein-Westfalen. Abteilung Geisteswissenschaften, Köln und Opladen 1958.

[2] Vorträge über Recht und Staat von Carl Gottlieb Svarez (1746–1798), hg. von *Hermann Conrad* und *Gerd Kleinheyer* (Wissenschaftliche Abhandlungen der Arbeitsgemeinschaft für Forschung des Landes Nordrhein-Westfalen, Band 17), Köln und Opladen 1960.

Feudalsystems in Preußen" eine Schrift von *Uwe-Jens Heuer* erschienen[3], der Svarez die Rolle eines feudalen Klassenkämpfers gegen die beginnende bäuerliche und bürgerliche Revolution zuweist. Der Verfasser erweckt den Eindruck, das im Zentralarchiv in Merseburg ruhende Original-Quellenmaterial der Vorträge von Svarez benutzt zu haben. Doch läßt sich nachweisen, daß dies nicht geschehen ist. Lediglich ein Vortrag „*Über den Zweck des Staats*", den auch unsere Ausgabe enthält[4], ist ausgewertet und zum Abdruck gebracht[5]. Trotzdem zeichnet Verfasser ein Bild von Svarez, das die Persönlichkeit des Verfassers des ALR von 1794 in einem zweifelhaften Lichte erscheinen läßt. Die nachfolgenden Darlegungen sollen – ohne im einzelnen auf die Ausführungen *Heuers* einzugehen, was an anderer Stelle geschehen wird[6] – die wahre Bedeutung der Reformbestrebungen in Preußen im Rahmen der Gesamtentwicklung der Rechts- und Staatsauffassung des Absolutismus am Ende des 18. Jahrhunderts noch einmal herausstellen.

[3] Erschienen im VEB Deutscher Zentralverlag, Berlin 1960. Zur Geschichte des ALR von 1794 siehe jetzt die Zusammenstellung des Schrifttums bei *C. G. Svarez*, Vorträge, Einleitung, S. XIII FN. 1. Zu den Anfängen der preußischen Gesetzgebung siehe jetzt auch *Gerhard Buchda*, Über die verlorenen hallischen Konstitutionen zum Landrecht der Kurmark Brandenburg (1714), ZRG Germ. Abt. 69, 1952, S. 285ff.

[4] *C. G. Svarez*, Vorträge, S. 639ff.

[5] *U. J. Heuer*, a.a.O., S. 277ff.

[6] In der Zeitschrift Recht in Ost und West.

Rechtsstaatliche Bestrebungen im Absolutismus Preußens und Österreichs am Ende des 18. Jahrhunderts

Von Prof. Dr. *Hermann Conrad*, Bonn

I. Das Staatsgrundgesetz im aufgeklärten Absolutismus

Die entscheidende Periode der Rechts- und Justizreform in Preußen unter der Regierung Friedrichs d. Gr. (1740–1786) wurde durch die Kabinettsorder vom 14. April 1780 eingeleitet, in der der König anordnete, „ein subsidiarisches Gesetz-Buch, zu welchem der Richter beym Mangel der Provinzial-Gesetze recurriren kann", anzufertigen (NCC VI no 13 S. 1935ff.). Diese Kabinettsorder schuf die Grundlage für die Ausarbeitung des Allgemeinen Landrechtes für die Preußischen Staaten vom 5. Februar 1794, das am 1. Juni des gleichen Jahres in Kraft getreten ist. Wie kaum ein anderes Gesetzbuch seiner Zeit stand das ALR im politischen Spannungsfeld. Das Ziel der preußischen Rechtsreformer war politisch bestimmt. Nach dem Willen seiner Verfasser sollte das Gesetzeswerk die rechtsstaatlichen Errungenschaften der Regierungszeit Friedrichs d. Gr. festhalten, mithin eine Art von Verfassung bilden, die nicht erst mit der Französischen Revolution auf dem europäischen Kontinent allgemein zu einem Postulat werden konnte. In einem Vortrage vor der Mittwochsgesellschaft zu Berlin, der noch vor Verkündigung des preußischen Gesetzbuches und vor dem Ausbruch der Revolution in Frankreich am 1. April 1789 gehalten worden ist[7], hat der eigentliche Verfasser des ALR von 1794, *Carl Gottlieb Svarez* (1746–1798)[8], hervorgehoben, daß in einem Staate, der keine Grundverfassung kenne, eine allgemeine Gesetzgebung bestehen könne, die den Charakter eines Grundgesetzes trage, mithin den Gesetzgeber selbst binde:

[7] „Über den Einfluß der Gesetzgebung in die Aufklärung", bei *C. G. Svarez*, Vorträge, S. 634ff.

[8] Grundlegend: *Adolf Stölzel*, Carl Gottlieb Svarez. Ein Zeitbild aus der zweiten Hälfte des achtzehnten Jahrhunderts, Berlin 1885. Weiteres Schrifttum zur Biographie des Svarez bei *C. G. Svarez*, Vorträge, Einleitung, S. XIX FN. 10.

„Aber die allgemeine Gesetzgebung, deren Werk es ist, feste, sichere und fortdauernde Grundsätze über Recht und Unrecht festzustellen, die besonders in einem Staat, welcher keine eigentliche Grundverfassung hat, die Stelle derselben gewissermaßen ersetzen soll, die also für den Gesetzgeber selbst Regeln enthalten muß, denen er auch in bloßen Zeitgesetzen nicht zuwiderhandeln darf, die sich den stolzen Gedanken erlauben darf, die Wohlfahrt nicht bloß der gegenwärtigen, sondern auch künftiger Generationen zu befördern – diese kann und darf sich bei allen dergleichen Nebenrücksichten auf bloße temporelle Bedürfnisse oder Umstände nicht aufhalten. Ihr Geist und ihre Grundsätze müssen gleichsam die Feste (sein), in welche sich die durch Zeitgesetze gedrängte Freiheit zurückziehen und aus der sie unter günstigeren Umständen zur Wiedererlangung ihrer gekränkten Rechte mit gestärkten Kräften zurückkehren kann[9]."

Diese Worte enthalten ein rechtsstaatliches Programm. Der Staat beruht danach auf bestimmten Rechtsgrundsätzen. Die Regierung ist an grundgesetzliche Normen gebunden, und die bürgerliche Freiheit ist grundgesetzlich gewährleistet. Sie kann zwar eingeschränkt, nicht aber aufgehoben werden. Wir müssen uns hier zunächst mit dieser Feststellung begnügen. Die rechtshistorische Forschung hat in den letzten Jahrzehnten die rechtsstaatlichen Bestrebungen im preußischen Staate seit dem Regierungsantritt Friedrichs d. Gr. eingehender gewürdigt[10]. Eine Vervollständigung dieser Ergebnisse ist durch die Ausgabe der Vorträge des eigentlichen Verfassers des ALR von 1794 *C. G. Svarez* möglich geworden, deren Kern die sog. Kronprinzenvorträge vor dem späteren König Friedrich Wilhelm III. (1797–1840) bilden[11].

Die Vorträge lassen erkennen, daß die Staatsauffassung des Absolutismus in Preußen in der 2. Hälfte des 18. Jahrhunderts auf einer konkreten Staatstheorie aufbaute, nämlich der Lehre vom Staats- oder Gesellschaftsvertrag in der Gestalt, wie er von der Naturrechtslehre in Deutschland ausgebildet worden war. Diese Theorie bot die Grundlage für die Entwicklung rechtsstaatlicher Grundsätze. Die Lehre vom Staats- oder Gesellschaftsvertrag wurde sogar unter Friedrich Wilhelm II. (1786–1797) in einer amtlichen

[9] A. a. O., S. 635/36.

[10] Vgl. *Friedrich Luckwaldt*, Friedrichs d. Gr. Anschauungen von Staat und Fürstentum, Hist. Aufsätze f. *Aloys Schulte*, Düsseldorf 1927, S. 227ff.; *Eberhard Schmidt*, Staat und Recht in Theorie und Praxis Friedrichs d. Gr., Festschrift f. *Alfred Schultze*, Leipzig 1938, S. 89ff.; *Friedrich Meinecke*, Die Idee der Staatsraison in der neueren Geschichte, hg. und eingel. von *Walther Hofer* (Friedrich Meinecke Werke), München 1957, S. 321ff.; *Walther Hubatsch*, Das Problem der Staatsraison bei Friedrich d. Gr., Göttingen-Berlin-Frankfurt a. M. 1956.

[11] Hierzu jetzt *Gerd Kleinheyer*, Staat und Bürger im Recht. Die Vorträge des Carl Gottlieb Svarez vor dem preußischen Kronprinzen (1791/92) (Bonner Rechtswissenschaftliche Abhandlungen, Band 47), Bonn 1959.

Verlautbarung zur neuen Gesetzgebung dieser zugrunde gelegt. Die von Friedrich Wilhelm II. nach seiner Thronbesteigung durch die Kabinettsorder vom 27. August 1786 (NCC VIII no 52 S. 146ff.) veranlaßte Mitwirkung der Stände bei der Bearbeitung des Entwurfes zum Allgemeinen Gesetzbuche wurde in der Vorerinnerung zum 2. Teile des Entwurfes (1787) dahingehend gedeutet, daß sich Preußens Untertanen mit Recht rühmen könnten, unter Gesetzen zu leben, die von ihnen selbst geprüft und genehmigt worden seien: „Niemand wird sich beklagen dürfen, daß ihm Vorschriften aufgedrungen werden, die seiner Lage, seinen Verhältnissen, der Lage und den Verhältnissen seiner Provinz und deren ursprünglichen Verfassungen nicht angemessen sind. *Der bürgerliche Vertrag, dieser von den Weltweisen mit menschenfreundlichem Witz erfundene Grund des Gehorsams gegen die Gesetze, wird alsdann mehr sein als eine schöne Hypothese*[12]."

Diese Staatslehre lag auch den rechtsstaatlichen Bestrebungen in *Österreich* am Ausgang des 18. Jahrhunderts zugrunde. Am Ende des 18. Jahrhunderts trafen sich die preußische und österreichische Staatsauffassung auf einer staatstheoretischen Grundlage, die von der klassischen Naturrechtsschule in Deutschland, vor allem von *Samuel von Pufendorf* (1632–1694)[13] und *Christian Wolff* (1679–1754)[14], ausgebaut worden ist. In Österreich hat man gleichfalls den Versuch gemacht, eine politische Gesetzgebung zustande zu bringen, worunter man eine gesetzliche Festlegung der Grundnormen der Verfassung und Verwaltung verstanden wissen wollte. Sie ist, obwohl *Joseph von Sonnenfels* (1733–1817) an der Arbeit maßgeblich beteiligt war, nicht zustande gekommen. Aus dem Fehlen einer solchen Gesetzgebung, anderseits aus der wachsenden Erkenntnis der Notwendigkeit einer grundgesetzlichen Festlegung der Grundlagen des Staates und der Grundsätze der Regierung erklärt sich der eigenartige Versuch des Wiener Naturrechtslehrers *Karl Anton Frhrn. von Martini zu Wasserberg* (1726–1800), in dem im wesentlichen auf seinem Entwurfe beruhenden Westgalizischen

[12] Entwurf eines Allgemeinen Gesetzbuches für die Preußischen Staaten, Zweyter Theil, Berlin und Leipzig 1787, Vorerinnerung.

[13] *Erik Wolf*, Samuel Pufendorf, Große Rechtsdenker der Deutschen Geistesgeschichte, Tübingen 1951³, S. 306ff., mit weiterem Schrifttum, S. 364ff.; jetzt auch *Ulrich Scheuner*, Samuel Freiherr von Pufendorf, 1632–1694, in: Die Großen Deutschen. Deutsche Biographie in 4 Bänden, hg. von *Hermann Heimpel*, *Theodor Heuss* und *Benno Reifenberg*, 5. Band, Berlin 1957, S. 126ff.; *Hans Welzel*, Die Naturrechtslehre Samuel Pufendorfs. Ein Beitrag zur Ideengeschichte des 17. und 18. Jahrhunderts, Tübingen 1958.

[14] *Werner Frauendienst*, Christian Wolff als Staatsdenker (Historische Studien, Heft 171), Berlin 1958.

Bürgerlichen Gesetzbuche von 1797 Grundsätze niederzulegen, die man später als politische Gesetzgebung aus dem Bürgerlichen Gesetzbuche entfernte. Diese Grundsätze zeigen uns die engen Beziehungen, die die rechtsstaatlichen Bestrebungen Österreichs am Ende des 18. Jahrhunderts mit der klassischen Naturrechtslehre in Deutschland und der preußischen Reformbewegung verknüpfte. Die Persönlichkeit und das Werk *Karl Anton von Martinis* rücken mithin in den Mittelpunkt unseres Interesses[15].

Die rechtsstaatlichen Bestrebungen in Preußen und Österreich sind die Frucht des Sieges der Aufklärung im Absolutismus des deutschen Territorialstaates des 18. Jahrhunderts. Sowohl in Preußen als in Österreich hat die Aufklärung die Staatsauffassung seit der Mitte des 18. Jahrhunderts bestimmt. Der sog. *aufgeklärte Absolutismus* bedeutete keineswegs eine Änderung der Staatsform, vielmehr eine Änderung der Regierungsform. Die Regierung des absoluten Herrschers wurde nunmehr von den Grundsätzen der Aufklärung beherrscht, die den Zweck des Staates im Gemeinwohl und in der Wohlfahrt der Untertanen und Bürger oder enger noch in der Aufrechterhaltung von Recht und Sicherheit innerhalb der staatlichen Gemeinschaft sah. Der Staat war nicht mehr das Werkzeug der Willkür des Herrschers, dieser vielmehr der erste Diener des Staates. Der Herrscher war zwar der alleinige und uneingeschränkte Träger der staatlichen Hoheitsrechte (Majestätsrechte). In der Ausübung derselben aber war er durch die dem Staate vorgegebenen Zwecke beschränkt. Der Fürst verkörperte nicht mehr den Staat (Staatsinkarnation). Er war zu einer Staatsinstitution geworden[16].

Die rechtstheoretische Grundlage dieses neuen Staatsdenkens bot die naturrechtliche Lehre vom *Staatsgründungsvertrag* in ihren verschiedenartigen

[15] Hierzu unten, S. 32 und FN. 68.

[16] Aus der Fülle des Schrifttums seien hier hervorgehoben: *Fritz Hartung*, Die geschichtliche Bedeutung des aufgeklärten Absolutismus in Preußen und in den deutschen Kleinstaaten, Bulletin of the International Committee of Historical Sciences, vol. IX, Paris 1937, S. 3ff.; *ders.*, Die Epochen der absoluten Monarchie in der neueren Geschichte, HZ 145, 1932, S. 46ff.; jetzt in Volk und Staat in der neueren Geschichte, Leipzig 1940, S. 41ff.; *ders.*, Der aufgeklärte Absolutismus, HZ 180, 1955, S. 15ff.; *Peter Klassen*, Die Grundlagen des aufgeklärten Absolutismus (List-Studien. Untersuchungen zur Geschichte der Staatswissenschaften, H. 4), Jena 1929; *G. Lefebre*, Le despotisme éclairé, Annales Historiques de la Révolution Française, tom. XXI. 1949, p. 97ss. Siehe auch *Kurt von Raumer*, Absoluter Staat, korporative Libertät, persönliche Freiheit, HZ 183, 1957, S. 55ff.; *Werner Näf*, Der Durchbruch des Verfassungsgedankens im 18. Jahrhundert, Schweizer Beiträge zur Allgemeinen Geschichte 11, 1953, S. 108ff. Zusammenfassend: *Hugo Hantsch*, Absolutismus. 3. Der aufgeklärte Absolutismus, Staatslexikon, hg. von der Görres-Gesellschaft, 1. Band, Freiburg i. Br. 1957, Sp. 33ff.

Abwandlungen. *Otto von Gierke* hat bereits auf die rechtsstaatliche Zielsetzung dieser naturrechtlichen Lehre hingewiesen. In steigendem Maße sei der Staatszweck auf die Verschaffung äußerer und innerer Sicherheit oder auf die Verwirklichung der Rechtsordnung eingeschränkt worden. Im Zusammenhang damit sei der Gedanke der Menschenrechte machtvoll emporgewachsen[17].

In der Tat liegt in der rechtlichen Bindung des Herrschers und Staates an die durch den Staatsgründungsvertrag vorgegebenen Staatszwecke das Kriterium, das die neue Staatsauffassung von der alten absolutistischen Theorie trennt. Werfen wir einen Blick auf Bayern, in dem unter der Regierung des der Aufklärung freundlich gegenüberstehenden Kurfürsten Maximilian III. Joseph (1745–1777) um die Mitte des 18. Jahrhunderts eine in mancherlei Hinsicht bahnbrechende Gesetzgebung verwirklicht wurde, deren Urheber der bayerische Kanzler *Wiguläus Xaverius Aloysius Frhr. von Kreittmayr* (1705–1790) sich noch stark in den Bahnen der absolutistischen Staatsauffassung bewegte[18].

Kreittmayr kennt zwar auch den Staatsvertrag, auf dem die Bürgerliche Gesellschaft beruht[19]. Doch ist nach Kreittmayr der Ursprung des Staates nicht „in jure naturae saltem absoluto, sondern als res mere facti in der Geschichte" zu suchen, am wahrscheinlichsten ist, daß Gewalt und Ehrgeiz den ersten Anfang gemacht haben. Demgemäß ist der Staat eine „Bürgerliche Gesellschaft (societas civilis), welche aus Regenten und Unterthanen besteht, um die gemeine Wohlfahrt mit vereinigten Kräften zu befördern". Dieser Gesellschaft wird „allzeit ein Pactum expressivum oder tacitum praesupponirt, welches auf Seiten des Unterthans den Gehorsam auf Seiten des Regenten den Schutz, mithin auch Fried, Ruh, Sicherheit und gemeine Wohlfahrtsverfassung erheischt, woraus also mutua obligatio entspringt, welche man das Band der Bürgerlichen Gesellschaft und nexum civilem nennt"[20]. Der Endzweck des Staates ist die allgemeine Wohlfahrt, zu deren

[17] *Otto von Gierke*, Das Deutsche Genossenschaftsrecht. 4. Band: Staats- und Korporationslehre der Neuzeit, 1913, Neudruck Darmstadt 1954, S. 406/07.

[18] Zu Kreittmayrs Staatslehre: *Herbert Schwarz*, Inwieweit steht das Kreittmayrische Gesetzgebungswerk unter dem Einfluß der Aufklärungsphilosophie?, Jur. Diss. Erlangen, Maschinenschrift 1951; *Hans Rall*, Kurbayern in der letzten Epoche der alten Reichsverfassung 1745–1801, München 1952, S. 57ff. Auch *O. v. Gierke*, a.a.O., S. 456, rechnet Kreittmayr zu den Vorkämpfern der landesherrlichen Machtvollkommenheit. Eine grundlegende Untersuchung fehlt.

[19] Anmerkungen über den Codicem Maximilianeum Bavaricum Civilem usw., München 1758, § VI, 1 zu 1. T. 2. Kap.

[20] Anmerkungen, a.a.O., § VI, 2 zu 1. T. 2. Kap.

Verwirklichung der Regent nach dem Grundsatz „Qui vult finem, vult media" alle dahin erforderlichen Mittel ergreifen kann. Eine Beschränkung der Macht des Regenten kann sich aber nur durch besondere Pacta und Fundamentalgesetze ergeben oder, wo solche nicht die Macht des Regenten binden, durch die Klugheit, seine unumschränkte Gewalt nicht frei zu gebrauchen, geboten sein[21]. Daher bleibt der Staat bei Kreittmayr trotz des angenommenen Staatsvertrages schließlich ein absolutistisch regierter Wohlfahrtsstaat, der bestenfalls noch ständische Grundrechte aufweist.

Wenden wir uns der *Markgrafschaft Baden* zu, in der seit der Wiedervereinigung von Baden-Baden und Baden-Durlach (1771) der Gedanke der Rechtsvereinheitlichung Gestalt annehmen konnte[22]. Hier wurde der Hofrat und Oberamtsverweser *Johann Georg Schlosser* (1739–1799), der Gatte der *Cornelia Goethe* († 1777), vom Markgrafen Karl Friedrich (1738–1811) mit der Abfassung eines Gesetzbuches betraut. Wenig vorher war Schlosser mit seinem „*Vorschlag und Versuch einer Verbesserung des deutschen bürgerlichen Rechts ohne Abschaffung des römischen Gesetzbuches*" (Leipzig 1777) hervorgetreten. Auf Grund dieser Schrift berief der Großkanzler von Carmer Schlosser zur Mitarbeit an der in Angriff genommenen preußischen Kodifikation. Schlosser lehnte zwar diese Berufung ab, übte aber später in seinen *Briefen über die Gesetzgebung und den Entwurf des preußischen Gesetzbuchs* scharfe Kritik an dem Entwurfe des Gesetzeswerkes[23].

Schlosser unterschied vier Gruppen von Gesetzen, deren erstere „die innere Staatsconstitution, die Rechte des Regenten, sey er nun Monarch oder Senat", in sich begreifen sollte. „Durch die Gesetze dieser Classe ist der Regent berechtigt, die verschiedenen Meinungen der Bürger seines Staats, von Recht und Unrecht, zwischen allen Gliedern desselben, zu

[21] Anmerkungen, a.a.O., § VI, 5 zu 1. T. 2. Kap.

[22] *Paul Lenel*, Badens Rechtsverwaltung und Rechtsverfassung unter Markgraf Karl Friedrich 1738–1803 (Freiburger Abhandlungen aus dem Gebiete des öffentlichen Rechts, Heft 23), Karlsruhe 1913, S. 60ff.; *Julius Federer*, Beiträge zur Geschichte des Badischen Landrechts, Baden im 19. und 20. Jahrhundert. Verfassungs- und verwaltungsgeschichtliche Studien, 1. Band, Karlsruhe 1948, S. 87ff. Siehe auch *Willy Andreas*, Die Einführung des Code Napoléon in Baden, ZRG Germ. Abt. 31, 1910, S. 182ff.

[23] *Johann Georg Schlosser*, Briefe über die Gesetzgebung überhaupt und den Entwurf des preußischen Gesetzbuchs insbesondere, Frankfurt 1789; Fünfter Brief über den Entwurf des Preußischen Gesetzbuchs, insbesondere über dessen Apologie in den Annalen der preußischen Gesetzgebung, Frankfurt am Main 1790. Zu Schlosser und seiner Tätigkeit auf dem Gebiete der Gesetzgebung: *R. Jung*, Allgemeine Deutsche Biographie, 31. Band, Leipzig 1890, S. 544ff.; *Ernst Landsberg*, Geschichte der Deutschen Rechtswissenschaft, 3. Abt., 1. Halbband, München und Leipzig 1898, Text S. 466ff.; Noten S. 297/98; *P. Lenel*, a.a.O., S. 77ff., S. 237ff.

entscheiden, und das, was dem Staat gemeines Wohl ist, zu erwirken. Diese Gesetze haben mehr die Natur eines Vertrags, als eines Gesetzes, und werden bei allen anderen vorausgesetzt. Die zweite Classe betrifft die Regierungs-Verordnungen. Diese sind eigentlich nichts, als die Ausführung dessen, was der Vertrag, den wir zu der ersten Classe der Gesetze gerechnet haben, von dem Regenten fordert und ihm gewährt"[24]. Demnach kennt Schlosser die sich auf der Vertragsgrundlage aufbauenden Staatsgrundgesetze, die den übrigen Gesetzesgruppen zugrunde liegen: den Regierungs-Verordnungen (Regierungskodex), den Zivilgesetzen (Civilkodex) und den Strafgesetzen[25]. Der Gedanke eines Staatsgrundgesetzes im Sinne des aufgeklärten Absolutismus klingt hier an. Dies ist bedeutsam bei einem Manne, der auf die Rechtsauffassung der zweiten Hälfte des 18. Jahrhunderts einen Einfluß ausgeübt hat[26]."

[24] Briefe über die Gesetzgebung überhaupt usw., S. 119.

[25] A.a.O., S. 119/20.

[26] Zum Angebot der Mitarbeit an dem Gesetzeswerke in Preußen *A. Stölzel*, Carl Gottlieb Svarez, S. 163ff.; *E. Landsberg*, a.a.O., Text S. 468, Zur Gesetzesarbeit Schlossers in Baden *P. Lenel*, a.a.O., S. 77ff.; *J. Federer*, Beiträge zur Geschichte des badischen Landrechts, S. 90ff. Zu Schlossers Heranziehung zu gesetzgeberischen Arbeiten in Österreich unter Joseph II. jetzt *P. Lenel*, a.a.O., S. 247ff., der eine Berufung Schlossers durch Joseph II. nach Wien ablehnt, jedoch für nicht ausgeschlossen ansieht, daß Schlosser während seines Wiener Aufenthaltes vom 22. Februar bis zum 1. April 1783 vom Kaiser zu gesetzgeberischen Arbeiten herangezogen worden ist.

II. Die rechtsstaatlichen Bestrebungen in Preußen

In *Preußen* begann der Siegeszug der Aufklärung mit der Thronbesteigung Friedrichs d. Gr. (1740), der als einer der hervorragendsten Vertreter des sog. aufgeklärten Absolutismus angesehen wird. *Immanuel Kant* (1724–1804) bezeichnete schon in seiner Schrift „*Was ist Aufklärung*" (1784) das Zeitalter *der Aufklärung als das Zeitalter Friedrichs d. Gr.*, weil der König in seinen Regierungsmaßnahmen der Vernunft freien Raum gegeben habe.

Man würde fehl gehen, wollte man Friedrich d. Gr. nur wegen seiner von der Aufklärung bestimmten Regierungsmaßnahmen zu den Vertretern des aufgeklärten Absolutismus rechnen. Entscheidender ist die den aufgeklärten Regierungsmaßnahmen zugrunde liegende Staatsauffassung, die, ganz im Sinne der Aufklärung, die religiös-patriarchialische Grundlegung des Staates ablehnte und Staat und Herrschertum auf dem Gesellschafts- und Unterwerfungsvertrage aufbaute. Die Grundlegung von Staat und Staatsgewalt ist bei Friedrich d. Gr. rein rationalistisch-aufklärerisch, durchaus im Stile der Staatsvertragslehre des 17. und 18. Jahrhunderts, bestimmt. Der König ging davon aus, daß die Menschen ursprünglich in einem Zustand natürlicher Wildheit gelebt und um der Ordnung und Wohlfahrt willen sich zu Gesellschaften zusammengeschlossen und Obrigkeiten eingesetzt haben. Ihr Ziel war, im Sinne der Humanitätslehre der Aufklärung, die Verwirklichung der irdischen Glückseligkeit, die damit zum Zwecke des Staates erhoben wurde.

In der Staatslehre Friedrichs zeigen sich bereits entscheidende Ansätze zum Rechtsstaat; denn der König machte die Sicherung der Rechtsordnung und die Wahrung des Rechtsfriedens zur Grundlage und wichtigsten Aufgabe des Staatswesens. Es war daher eine notwendige Folgerung, wenn der König der Rechtspflege seine besondere Sorge angedeihen ließ. Obwohl die Rechtspflege zu den Hoheitsrechten des absoluten Herrschers gehörte, und es diesem daher zustand, an Stelle der Gerichte selbst Recht zu sprechen, verzichtete Friedrich weitgehend auf dieses Recht im Interesse einer gerechteren Anwendung der Gesetze. Nach seinen Worten sollten in den Gerichtshöfen die Gesetze sprechen, und der Herrscher sollte schweigen.

Noch weiter ist Friedrich in der Einschränkung seines Gesetzgebungsrechtes gegangen. Auch die Gesetzgebungsgewalt gehörte zu den Hoheitsrechten des absoluten Herrschers und war grundsätzlich unbeschränkt. Friedrich unterwarf die Gesetzgebung durch Patent vom 29. Mai 1781 einer Beschränkung in der Weise, daß er die Wirksamkeit der von ihm vollzogenen Gesetze von der gutachtlichen Äußerung der fachmännisch zusammengesetzten Gesetzkommission abhängig machte (NCC VII no 26 S. 338 § 14). Gesetzgebung und Rechtsprechung sollten also aus der subjektiven Machtsphäre des absoluten Herrschers herausgehoben werden, ohne daß dadurch eine verfassungsrechtliche Beschränkung dieser fürstlichen Hoheitsrechte herbeigeführt wurde. Es ist bekannt, daß der König sich nicht immer an diese von ihm selbst anerkannten Grundsätze gehalten hat. Dies gilt vor allem von dem *Verbot des Machtspruches*, d. h. des von Friedrich selbst verworfenen unmittelbaren Eingriffes in die Rechtsprechung. Am schwersten verstieß er gegen dieses Verbot durch seinen Eingriff in den sog. Müller-Arnold-Prozeß, der zu einer Justizkatastrophe um die Wende des Jahres 1779 führte, schließlich aber durch die Berufung des schlesischen Justizministers *Johann Heinrich Casimir von Carmer* (1721–1801) als Großkanzler im Zusammenhang mit diesen Vorgängen die Einleitung einer neuen Periode der Justiz- und Rechtsreform bedeutete[27].

Im Zuge dieser Reform wurde die Ausarbeitung des preußischen Gesetzeswerkes in Angriff genommen, das durch die naturrechtliche Grundlegung von Recht und Staat eine in die Zukunft weisende Bedeutung erhielt. Die Verfasser dieses Gesetzeswerkes, vor allem *C. G. Svarez*, den Carmer nach seiner Berufung als Großkanzler ebenfalls aus Schlesien zur Mitarbeit an dem großen Werke herbeigeholt hatte, konnten dieses weitgehend auf der Staatslehre Friedrichs d. Gr. aufbauen, wie die jetzt veröffentlichten Vorträge von *Svarez* vor dem preußischen Kronprinzen Friedrich Wilhelm deutlich erkennen lassen. Die Vorträge sind im wesentlichen nach der Verkündigung des *Allgemeinen Gesetzbuches für die preußischen Staaten vom 20. März 1791* und vor dessen Suspension (18. April 1792) gehalten worden, die zu einer Umarbeitung des Gesetzeswerkes im Sinne einer gegen die Aufklärung gerichteten Strömung im preußischen Staate Veranlassung gab. Wenige Jahre später wurde das umgearbeitete Gesetzeswerk als *Allgemeines Landrecht für die Preußischen Staaten vom 5. Februar 1794* erneut verkündet. Die sog. Kronprinzenvorträge zeigen mithin noch die ursprüngliche Gedankenwelt der Verfasser des preußischen Gesetzbuches[28].

Svarez geht ebenfalls davon aus, daß die Menschen ursprünglich im Zustande der Natur unter dem Naturrecht lebten. Die Unvollkommenheit

[27] Zum Vorstehenden jetzt *H. Conrad*, Die geistigen Grundlagen des Allgemeinen Landrechts von 1794, S. 9ff.

[28] *C. G. Svarez*, Vorträge, Einleitung, S. XIff.

dieses Zustandes veranlaßte die Menschen, sich zu bürgerlichen Gesellschaften zusammenzuschließen, die man als Staaten bezeichnet. Die Rechtsstellung des Herrschers leitet sich aus einem Vertrage her, „durch welchen sich die Bürger des Staats den Befehlen des Regenten zur Beförderung ihrer eigenen gemeinschaftlichen Glückseligkeit unterworfen haben."

Daraus folgert Svarez:

„Daß, wenn die Menschen aus dem Stande der natürlichen Gleichheit heraustreten und sich in bürgerliche Gesellschaften unter einem gemeinschaftlichen Oberhaupte vereinigten, sie dabei keineswegs die Absicht hatten noch haben konnten, auf ihre natürliche Freiheit ganz Verzicht zu tun und sich als Sklaven der bloßen Willkür eines unumschränkten Gebieters zu unterwerfen, sondern daß der Zweck der bürgerlichen Gesellschaft und also auch des Staats nur dahin gehen könne, den Mängeln und Unvollkommenheiten des Naturzustandes abzuhelfen und die Freiheit der einzelnen so weit einzuschränken, als es notwendig ist, um die Freiheit aller zur Beförderung ihrer Glückseligkeit gegen Störungen und Beeinträchtigungen zu sichern."

Svarez kommt zu dem Ergebnis:

„Sicherheit des Eigentums und der Rechte für jeden einzelnen durch die vereinigten Kräfte aller, ungestörter Gebrauch der natürlichen Freiheit eines jeden, soweit damit die Sicherheit und Freiheit der übrigen bestehen kann, Erleichterung der Mittel und Gelegenheiten zur Beförderung des Privatwohlstandes durch Veranstaltungen zur Ausbildung des Verstandes und Herzens, wodurch allein Neigung und Bereitwilligkeit zur Erfüllung der Pflichten des Wohlwollens erreicht werden kann – das sind die großen und wichtigen Zwecke der bürgerlichen Gesellschaft, zu deren Erreichung sie dem Regenten die Macht, ihr zu befehlen, übertragen und die Disposition über ihre vereinigten Kräfte seinen Händen anvertraut hat[29]."

Das Verfassungsbild dieses Staatswesens bietet sich, wie folgt, dar: Herrscher dieses Staates ist der uneingeschränkte Monarch, in dem sich die Staatsgewalt vereinigt. Die Ausübung der Staatsgewalt ist durch die im Gesellschafts- oder Staatsvertrag vorgegebenen Zwecke gebunden. Der Herrscher ist verpflichtet, die äußere und innere Ruhe und Sicherheit des Staates zu erhalten und die allgemeine Wohlfahrt und Glückseligkeit der Untertanen zu verwirklichen. Dieses Verfassungsbild zeigt uns das ALR im 2. Teil, 13. Titel §§ 1/4 (vgl. AGB von 1791 2. Teil, 13. Titel §§ 1/4, Entw. T. I. Abt. III Tit. I §§ 1/3)[30].

[29] *C. G. Svarez*, Vorträge, S. 64/65.

[30] ALR 2. Teil, 13 Titel. Von den Rechten und Pflichten des Staats überhaupt. § 1. Alle Rechte und Pflichten des Staats gegen seine Bürger und Schutzverwandten vereinigen sich in dem Oberhaupte desselben. § 2. Die vorzüglichste Pflicht des Oberhauptes im Staate ist, sowohl die äußere als die innere Ruhe und Sicherheit zu erhalten

In seinen Erörterungen über die verschiedenen Regierungs- oder Staatsformen (Demokratie, Aristokratie, eingeschränkte und uneingeschränkte Monarchie) gibt *Svarez* der letzteren den Vorzug. Die uneingeschränkte Monarchie gewährt den sichersten Schutz für das Privateigentum und sichert am meisten die bürgerliche Freiheit, indes die eingeschränkte Monarchie, zu der *Svarez* die englische Verfassung rechnet, zwar ein glückliches Gleichgewicht der Kräfte zwischen König und Volksrepräsentation im Interesse des Staates und der Gesellschaft herbeizuführen scheint, in Wahrheit aber ein ewiges Ringen um die Macht zum Nachteil des Ganzen und der Moralität des Volkes zeigt.

Die Gefahr der uneingeschränkten Monarchie ist deren Neigung zum Despotismus. *Svarez* erkennt, daß der uneingeschränkte Monarch sehr leicht zum Despoten werden kann, „weil kein Gegengewicht der Macht vorhanden ist, welches ihn einschränkte und hinderte, die in Händen habende Gewalt nach seinem Gutbefinden anzuwenden. Er wird aber nur Despot werden entweder aus Mangel an Einsicht oder aus Schwäche des Charakters." Der zum Despoten gewordene Monarch verändert den Zweck des Gesellschaftsvertrages. Damit aber verliert er sein Recht und untergräbt den Grund der Verpflichtung seines Volkes zum Gehorsam gegenüber seinen Befehlen. Die Stellung des zum Despoten gewordenen Herrschers beruht demnach nicht mehr auf dem Rechte, sondern auf der Stärke. Doch: „Seine Stärke ist nichts und unbedeutend gegen die Stärke aller der Millionen, denen er befehlen will und die doch keine Pflicht haben, ihm zu gehorchen[31]."

Es ist also letztlich die Einsicht und Charakterstärke des Herrschers, die diesen auf den rechten Weg weisen und davon abhalten, daß er sich dazu

und einen Jeden bei dem Seinigen gegen Gewalt und Störungen zu schützen. § 3. Ihm kommt es zu, für Anstalten zu sorgen, wodurch den Einwohnern Mittel und Gelegenheiten verschafft werden, ihre Fähigkeiten und Kräfte auszubilden und dieselben zur Beförderung ihres Wohlstandes anzuwenden. § 4. Dem Oberhaupte im Staate gebühren daher alle Vorzüge und Rechte, welche zur Erreichung dieser Endzwecke erforderlich sind.

Die entsprechenden Vorschriften des Entwurfes eines Allgemeinen Gesetzbuches (1784) und des Allgemeinen Gesetzbuches von 1791 bei *H. Conrad*, Die geistigen Grundlagen des Allgemeinen Landrechts, zu III. Gesetzesanhang, S. 49. Bedeutsam war auch die später gestrichene Vorschrift des AGB von 1791 Einleitung § 77. Das Wohl des Staats überhaupt und seiner Einwohner insbesondere ist der Zweck der bürgerlichen Vereinigung und das allgemeine Ziel der Gesetze. Vgl. Entw. Einleitung § 50. Das allgemeine Wohl ist der Grund der Gesetze.

[31] *C. G. Svarez*, Vorträge, S. 476.

hergibt, die erniedrigende Rolle eines Despoten zu spielen, der „in seiner inneren Staatsverwaltung nicht nach allgemeinen und gleichförmigen Grundsätzen, sondern nach bloßer Willkür zu Werke geht, ... die ihm anvertraute Macht nicht zum Besten des Ganzen, sondern zur Befriedigung seiner Privatleidenschaften, es sei aus Eroberungssucht, Wollust, Geiz oder wie es sonst Namen haben mag, anwendet[32]."

Wenn demnach auch die rechtmäßige Regierung eines Staates mit uneingeschränkter Monarchie von der Einsicht und Charakterstärke des Herrschers abhängt, so wollte *Svarez* doch gewisse Sicherungen in die Verfassung des Staates einbauen, die es dem Herrscher zwar nicht unmöglich machen, von dem rechten Wege seiner Regierung abzuweichen, jedoch ein solches Abweichen wesentlich erschweren sollten. Dieses Ziel sollte durch die *Verankerung von drei Grundsätzen in dem Gesetzeswerke* erreicht werden, die teilweise aus der Regierungszeit Friedrichs d. Gr. übernommen worden sind und in dem Gesetzbuch die Stelle eines *Grundrechtskataloges* einnehmen sollten:

1. Die Gewährleistung der bürgerlichen Freiheit

Mit dem Übergang des Menschen aus dem Naturzustande in den Zustand der bürgerlichen Gesellschaft ist keineswegs der Verzicht auf alle natürlichen Rechte verbunden. „Die natürlichen und unveräußerlichen Rechte bleiben also dem Menschen auch nach seinem Übergange in die bürgerliche Gesellschaft, und es gibt keine gesetzgebende Macht, die ihn deren zu berauben berechtigt wäre. *Dies sind also die Schranken der gesetzgebenden Macht*[33]." Der Staat ist nach *Svarez* nur berechtigt, in die natürliche Freiheit des Menschen insoweit einzugreifen, als der „Zweck des Staats, d. h. die Erhaltung und Befestigung der gemeinen Ruhe und Sicherheit, die Erleichterung und Begünstigung der Mittel, wodurch einem jeden einzelnen die Gelegenheit verschafft werden kann, seine Privatglückseligkeit ohne Beeinträchtigung und Beleidigung anderer zu beförderen und die Aufrechterhaltung der Staatsverbindung selbst als der notwendigen Bedingung, unter welcher nur jene Zwecke erreicht werden können", es erfordert. „Hier ist also Zweckmäßigkeit der Gesetze das höchste Ideal der gesetzgebenden Macht im Staat, und sie ist vermöge des bürgerlichen Vertrages schuldig, alle Vorschriften, die sie gibt, nach dieser höchsten

[32] A.a.O., S. 475/76.
[33] A.a.O., S. 585.

Regel der Zweckmäßigkeit einzurichten[34]." Den Untertanen steht allerdings nicht das Recht zu, den Gesetzen den Gehorsam zu verweigern, weil sie ihnen nicht dem Staatszweck angemessen erscheinen. Doch gibt es auch für den Gesetzgeber eine Schranke, bei deren Überschreitung die Gehorsamspflicht der Untertanen entfällt.

„Der Staat kann verbieten, daß ein Mensch diese oder jene seiner Fähigkeiten und Kräfte zu diesem oder jenem Gebrauche nicht anwenden soll, aber er kann nicht verbieten, daß er seine Fähigkeiten und Kräfte überhaupt und besonders seine höheren Seelenkräfte ausbilde, daß er nach der Wahrheit strebe und dem vom Schöpfer in seine Seele gelegten Triebe zur Erkenntnis der Wahrheit nach Möglichkeit ein Genüge leistet. *Solche Gesetze ist kein Staat seinen Mitgliedern vorzuschreiben berechtigt, und keins dieser Mitglieder ist solchen Gesetzen Gehorsam zu leisten verpflichtet*[35]."

Die Gewährleistung der natürlichen Freiheit hat in der *Einleitung zum AGB von 1791* ihren Niederschlag gefunden:

§ 78. Das Oberhaupt des Staates, welchem die Pflichten zur Beförderung des gemeinschaftlichen Wohls obliegen, ist die äußere Handlungen aller Einwohner diesem Zwecke gemäß zu leiten und zu bestimmen berechtigt.

§ 79. Die Gesetze und Verordnungen des Staates dürfen die natürliche Freiheit und Rechte der Bürger nicht weiter einschränken, als es der gemeinschaftliche Endzweck erfordert[36].

2. Die Gewährleistung der Unabhängigkeit der Rechtspflege

Dieser Grundsatz wandte sich vor allem gegen den unmittelbaren Eingriff des Herrschers in die Rechtsprechung der Gerichte. Ein solcher Eingriff war im absoluten Staat keineswegs ein rechtswidriger Gewaltakt, sondern rechtmäßige Ausübung eines Hoheitsrechtes (Majestätsrechtes), einer Macht, und wurde demgemäß als *Machtspruch* bezeichnet. Seit dem 18. Jahrhundert wurden Eingriffe des Herrschers in die Rechtsprechung der Gerichte in steigendem Maße als unrechtmäßig angesehen. Der Machtspruch wurde für gesetzes- und verfassungswidrig erklärt. Das *Verbot des Machtspruches* war in Preußen schon in der Regierungszeit Friedrichs d. Gr. zur Anerkennung gelangt, wenn es auch nicht immer beachtet wurde[37]. In einer

[34] A.a.O., S. 596.

[35] A.a.O., S. 586.

[36] Vgl. *H. Conrad*, Die geistigen Grundlagen des Allgemeinen Landrechts, zu III. Gesetzesanhang, S. 46.

[37] Hierzu neuestens mit älterem Schrifttum *G. Kleinheyer* Staat und Bürger im Recht, S. 76ff.

Ansprache vor dem preußischen Kronprinzen Friedrich Wilhelm (III.) am 6. März 1792 erklärte der Kammergerichtsdirektor *Leopold Friedrich von Kircheisen* (1749–1825), daß Friedrich d. Gr. oft durch ungestümes Andringen zu Machtsprüchen verleitet worden sei, und betonte: „*Die gesittete Welt, dieses mächtige Tribunal, ist dahin übereingekommen, sich mit dem Worte Machtspruch Ungerechtigkeit als verschwisterte Idee zu denken*[38]."

Bei *Svarez* begegnet allerdings das Verbot des Machtspruches in doppelter Gestalt: 1. als Verbot der Einmischung in ein schwebendes gerichtliches Verfahren, 2. als Verbot der Aufhebung oder Abänderung einer rechtskräftigen Entscheidung der Gerichte. Die Begründung des Machtspruchverbotes erfolgt nicht aus dem Gesichtspunkt der Gewaltenteilung, sondern im ersten Falle mit dem Erfordernis größerer Sicherheit der Rechtspflege, deren Ausübung gewissenhaft und fachlich ausgebildeten Richtern, die nach den bestehenden Gesetzen zu urteilen haben, anvertraut werden müsse, im zweiten Falle mit der Sicherung der Rechte der einzelnen[39]. Dagegen begründete *Kircheisen* das Verbot des Machtspruches in der erwähnten Ansprache mit einem Hinweis auf *Montesquieu*[40]. Demgemäß wurde das Verbot des Machtspruches sowohl in den Entwurf des preußischen Gesetzbuches (1784) (Einleitung § 6. Durch Machtsprüche soll niemand an seinen Rechten gekränkt werden) als auch in verbesserter Fassung, die wohl auf die berechtigte Kritik *Johann Georg Schlossers* zurückgeht[41], in das AGB von 1791 aufgenommen (Einleitung § 6. Machtsprüche und sonstige Verfügungen der obersten Gewalt, welche in streitigen Fällen ohne rechtliche Erkenntnis erteilt worden sind, bewirken weder Rechte

[38] Vortrag des Kammergerichtsdirektors *von Kircheisen* über die Entwicklung des Prozeßrechts, gehalten vor dem Kronprinzen. 1792 März 6. Ausgewählte Urkunden zur Brandenburgisch-Preußischen Verfassungs- und Verwaltungsgeschichte, hg. von *Wilhelm Altmann*, 1. Teil: 15.–18. Jahrhundert, Berlin 1914², no. 81, S. 495. Siehe auch Annalen der Gesetzgebung und Rechtsgelehrsamkeit in den Preußischen Staaten, hg. von *Ernst Ferdinand Klein*, 9, 1792, S. 301ff. Hierzu *A. Stölzel*, C. G. Svarez, S. 332 ff.

[39] *G. Kleinheyer*, Staat und Bürger im Recht, S. 79ff.

[40] Der Einfluß Montesquieus macht sich wohl auch in den Ansätzen einer Gewaltenteilung bemerkbar. Für Preußen siehe die Ausführungen von *Ernst Ferdinand Klein* in den Annalen der Gesetzgebung und Rechtsgelehrsamkeit in den Preußischen Staaten, 4. Band 1796², S. 332/33, der die Trennung von Justiz und Verwaltung als heilsam bezeichnet und betont: „Das Justizministerium ist nebst den untergeordneten Justizcollegien das Palladium der bürgerlichen Freyheit in den preußischen Staaten." Für Österreich siehe *Sigmund Adler*, Festschrift zur Jahrhundertfeier des Allgemeinen Bürgerlichen Gesetzbuches, 1. Juni 1911, 1. Teil, Wien 1911, S. 86/87.

[41] Briefe über die Gesetzgebung usw., S. 177ff. Hierzu jetzt *G. Kleinheyer*, a.a.O., S. 79 FN. 66.

noch Verbindlichkeiten. Vgl. auch I 9 §§ 528/29)[42]. Das Verbot des Machtspruches bezog sich nur auf Rechtsstreitigkeiten in Zivilsachen. Das landesherrliche Recht, Strafurteile zu bestätigen und abzuändern, blieb unangefochten[43].

Das Verbot des Machtspruches bedeutete anderseits eine Gewährleistung der Rechtspflege durch die ordnungsmäßig mit unabhängigen Richtern besetzten Gerichte, obwohl dieser Grundsatz im preußischen Gesetzeswerke nicht zum Ausdruck kam. Das Gesetzbuch enthielt keine Sicherung der Unabhängigkeit der Richter, besonders nicht gegen eine willkürliche Absetzung, wie sie noch unter Friedrich d. Gr. erfolgt war. Es galt hier das allgemeine Dienstrecht der Staatsdiener (Beamten) (vgl. ALR II 10 §§98/101. ALR II 17 § 99 galt nur für die Richter der Patrimonialgerichte)[44]. Der Versuch des preußischen Beamtentums, die Absetzung eines Beamten von einem Rechtsverfahren abhängig zu machen (vgl. AGB Entw. T. I Abs. II Tit. V § 70. Kein Civilbedienter soll des ihm einmal verliehenen Postens ohne Urteil und Recht wieder entsetzt werden), scheiterte. Eine Vorschrift, wie sie die Wahlkapitulation Leopolds II. von 1790 aufgenommen hat, daß kein Reichshofrat seiner Stelle anders als nach vorhergegangener rechtlicher Kognition und darauf erfolgtem Spruche Rechtens entsetzt werden" könne (Art. XXIV § 10)[45], war in Preußen noch nicht durchsetzbar.

3. Gewährleistung einer den Staatszwecken entsprechenden Gesetzgebung

Diese sollte durch die Bindung der Gesetzgebung an die beratende Mitwirkung einer Gesetzkommission erreicht werden. Die Mitwirkung der Gesetzkommission sollte der Gefahr vorbeugen, daß der Herrscher bei der Gesetzgebung die Rechtmäßigkeit und Nützlichkeit eines vorgeschlagenen Gesetzes nicht vollständig und nach allen Seiten hin prüfe oder wohlerworbene Rechte seiner Untertanen kränke[46]. Das AGB von 1791 trug

[42] Vgl. die Zusammenstellung bei *H. Conrad*, Die geistigen Grundlagen des Allgemeinen Landrechts, zu III. Gesetzesanhang, S. 44.

[43] Vgl. *Eberhard Schmidt*, Einführung in die Geschichte der Deutschen Strafrechtspflege, Göttingen 1951, S. 262 ff.; *G. Kleinheyer*, a. a. O., S. 87, 111 ff.

[44] Nicht eindeutig *Eduard Kern*, Geschichte des Gerichtsverfassungsrechts, München und Berlin 1954, S. 63.

[45] Wahlkapitulation des römischen Kaisers Leopolds des Zweiten nach dem kurmainzischen Originale zum Drucke befördert von *Johann Richard Roth*, Mainz und Frankfurt 1790, S. 81.

[46] Vgl. jetzt *G. Kleinheyer*, a.a.O., S. 63ff., zum Recht der Gesetzgebung.

dieser Zielsetzung durch die Vorschriften der Einleitung über die Abfassung der Gesetze Rechnung (Einl. §§ 10/12).

§ 10. Ein jeder Entwurf zu einer neuen Verordnung, durch welche die besonderen Rechte und Pflichten der Bürger bestimmt oder die gemeinen Rechte abgeändert, ergänzt oder erklärt werden sollen, muß vor der Vollziehung der Gesetzkommission zur Prüfung vorgelegt werden.

§ 11. Die Gesetzkommission muß, außer der Rücksicht auf die bereits vorhandenen Gesetze und Rechte, ihr Gutachten zugleich auf die Billigkeit und Nutzbarkeit der vorgeschlagenen neuen Verordnung richten und eine deutliche Fassung des zu gebenden Gesetzes in Vorschlag bringen.

§ 12. Ein ohne dergleichen Prüfung bekanntgemachtes Gesetz ist in Ansehung des dadurch beeinträchtigten Staatsbürgers unverbindlich und ohne Wirkung[47].

Der Gegenstoß der gegen das Gesetzbuch und dessen Geist gerichteten Bewegung, die von dem schlesischen Justizminister *Adolf Frhr. v. Danckelmann* (1736–1807) geführt wurde, traf diesen Grundrechtskatalog des AGB von 1791, der bei der Überarbeitung des Gesetzeswerkes gestrichen wurde. Das ALR von 1794 kennt daher nicht mehr die natürliche Freiheit und Rechte der Bürger. Es enthält kein Verbot des Machtspruches und schränkt auch die Wirksamkeit eines ohne die beratende Mitwirkung der Gesetzkommission beschlossenen Gesetzes nicht mehr ein. Erhalten blieb dagegen die grundsetzliche Regelung der Staats- und Regierungsform im 2. Teil 13. Titel §§ 1/4 (Von den Rechten und Pflichten des Staats überhaupt. *Marginalrubrik:* Allgemeine Grundsätze), so daß das ALR von 1794 immer noch eine gesetzliche Grundlegung der durch vorgegebene Zwecke der staatlichen Gemeinschaft gebundenen absoluten Monarchie aufweist.

[47] Siehe bei *H. Conrad*, a.a.O., zu III. Gesetzesanhang, S. 44.

III. Die rechtsstaatlichen Bestrebungen in Österreich

Schon unter Maria Theresia (1740–1780) begann in *Österreich* eine Staats- und Rechtsreform, die von der Aufklärung bestimmt wurde. Unter Joseph II. (1765/80–1790) erreichte der Einfluß der Aufklärung den Höhepunkt. Noch in der Regierungszeit Leopolds II. (1790–1792) setzte unter dem Eindruck der Auswirkungen der Französischen Revolution eine Gegenbewegung ein. Man hat die Regierungsmaßnahmen Josephs II., besonders soweit sie die kirchlichen Verhältnisse betrafen, unter den Begriff des *Josephinismus* zusammengefaßt, ohne damit Wesentliches über die dieser politischen Strömung zugrunde liegende Rechts- und Staatstheorie auszusagen[48]. Unzweifelhaft stand der Kaiser sowohl bei seinen Regierungsmaßnahmen als auch bei seiner Gesetzgebung unter dem Einfluß der Aufklärung. Doch läßt sich bei ihm, anders als bei dem von ihm als Vorbild verehrten Friedrich d. Gr. eine klare philosophische Grundlegung der Rechts- und Staatsauffassung nicht nachweisen[49]. Von Friedrich d. Gr. unterschied sich Joseph II. auch durch sein Festhalten am überlieferten Glauben, so daß ein Zeitgenosse mit Verwunderung bemerkte, Joseph habe an ein Leben im Jenseits geglaubt[50]. Insgesamt sind die Einflüsse der französischen Aufklärung wohl stärker gewesen als die der deutschen. Haftet doch den Maßnahmen des Kaisers mehr das Vorwärtsdrängende und Revolutionäre der französischen Aufklärung als das bedächtige und konservative Element der deutschen Aufklärung an. Der Kaiser bekannte sich zu einem Reformprogramm, das eine mittlere Linie und eine allmähliche Entwicklung ablehnte: „Il faut faire les grandes choses tout d'un coup[51]."

Die Frage, inwieweit Joseph II. in seiner Rechts- und Staatsauffassung von dem der deutschen Aufklärung weitgehend verpflichteten *K. A. von Martini* beeinflußt worden ist, läßt sich nach dem gegenwärtigen Stand der

[48] Vgl. jetzt *Hugo Hantsch*, Josephinismus, Staatslexikon, hg. von der Görres-Gesellschaft, 4. Band, Freiburg i. Br. 1959, Sp. 656ff., mit einschlägigem Schrifttum, Sp. 659. Zu dem Versuch von *Georgine Holzknecht*, Ursprung und Herkunft der Reformideen Kaiser Josefs II. auf kirchlichem Gebiet (Forschungen zur inneren Geschichte Österreichs, Heft 11), Innsbruck 1914, den Nachweis zu erbringen, daß naturrechtliche Lehren auf Joseph II. nicht eingewirkt haben, siehe *Hans von Voltelini*, ZRG Kan. Abt. 36, 1915, S. 545ff.; *Adolf Menzel*, Z. f. öffentliches Recht 1, 1919/20, S. 523f.

[49] *Max Braubach*, Die Reformen Josephs II. (1780–1790). Josephinismus und Febronianismus, in Gebhardt-Grundmann, Handbuch der Deutschen Geschichte, Band 2, Stuttgart 1955[8], S. 303, Note 1.

[50] *Friedrich Engel-Jánosi*, Josephs II. Tod im Urteil der Zeitgenossen, Mitteilungen des Österreichischen Instituts für Geschichtsforschung 44, 1930, S. 333.

[51] *F. Engel-Jánosi*, a.a.O., S. 326.

Forschung nicht eindeutig beantworten. Neuerdings tritt *Franz Klein-Bruckschwaiger* wieder dafür ein, daß Maria Theresia den Unterricht der nachmaligen Kaiser Joseph II. und Leopold II. in der Rechtswissenschaft und Staatsgelehrsamkeit *Martini* übertragen habe, der sich dieser Aufgabe länger als ein Jahrzehnt hindurch entledigt habe[52]. *Hans von Voltelini* glaubte, für eine Unterweisung Josephs II. durch *Martini* keine Belege zu finden[53].

Dagegen lehnt *Adolf Menzel* eine Unterweisung des Erzherzogs durch Martini nachdrücklich ab und macht für diese Tätigkeit im Bereiche des Staats- und Naturrechts den Hofrat und Professor an der Theresianischen Ritterakademie *Christian August Frhr. von Beck* (1720–1781?) namhaft, dessen Lehrmeinung aus einem anonym unter dem Titel „*Natur- und Völkerrecht entworfen von einem großen Staatsminister*“ (Wien und Erlangen 1790) erschienenen Werke zu erschließen ist. Dieses Werk ist von dem Herausgeber (*Johann Georg Fr. Pabst*, Professor in Erlangen) dem Staatsminister *Johann Christoph Frhr. von Bartenstein* (1689–1767) zugeschrieben worden[54]. Erst Menzel hat den Nachweis der Urheberschaft Becks erbracht und darauf hingewiesen, daß Beck sich zwar, dem ihm erteilten Auftrag gemäß, Pufendorf weitgehend angeschlossen hat, sich aber keineswegs einer bestimmten Auffassung der Naturrechtslehre der Aufklärung rückhaltlos verbunden zeigt. Becks Staatslehre beruht im wesentlichen noch auf der absolutistischen Theorie des Staates und steht mithin der Staats-

[52] *Franz Klein-Bruckschwaiger*, Karl Anton von Martini in der Zeit des späten Naturrechts, Festschrift *Karl Haff*, Innsbruck 1950, S. 120ff., bes. 126f.; Die Geschichte der Rechtsphilosophie in der Naturrechtslehre von Karl Anton von Martini, ZRG Germ. Abt. 71, 1954, S. 374ff.

[53] *Hans von Voltelini*, Die naturrechtlichen Lehren und die Reformen des 18. Jahrhunderts, HZ 105, 1910, S. 70ff.; ZRG Kan. Abt. 36, 1915, S. 546. Doch mißt *Voltelini* der deutschen naturrechtlichen Schule einen zu starken Einfluß auf die Reformgedanken Josephs II. zu.

[54] *Adolf Menzel*, Kaiser Josef II. und das Naturrecht, Zeitschrift für öffentliches Recht 1, 1919/20, S. 511ff.; *ders.*, Beiträge zur Geschichte der Staatslehre (Akademie der Wissenschaften in Wien. Philos.-hist. Klasse. Sitzungsberichte, 210. Band, 1. Abhandlung), Wien und Leipzig 1929, S. 466ff. Auf Beck als Lehrer Josephs II. weist auch schon *H. v. Voltelini*, a.a.O., S. 73, hin; jetzt auch *Ernst Wangermann*, From Joseph II to the Jacobin Trials. Government Policy and Public Opinion in the Habsburg Dominions in the Period of the French Revolution, Oxford University Press 1959, p. 20. Zu Bartenstein: *Alfred Ritter von Arneth*, Johann Christoph Bartenstein und seine Zeit, Wien 1871: *Friedrich Walter*, Männer um Maria Theresia, Wien 1951, S. 19ff.; *Max Braubach*, Johann Christoph Bartensteins Herkunft und Anfänge, Mitteilungen des Instituts für Österreichische Geschichtsforschung 61, 1953, S. 99ff.; Neue Deutsche Biographie, 1. Band, Berlin 1953, S. 599.

auffassung Kreittmayrs nahe. In ihren Grundanschauungen weichen Beck und Martini weitgehend voneinander ab[55].

In der staatlichen Reformgesetzgebung Josephs II. ist ein klarer Beweis für die Einflußnahme *Martinis* und der deutschen Naturrechtslehre ebenfalls nicht zu finden, obwohl im Schrifttum Martini neben *Gerhard van Swieten* (1700–1772), dem Leibarzt Maria Theresias, als eine der wichtigsten Gestalten für die Kirchenreformpläne der theresianischen und josephinischen Zeit angesehen wird[56]. Das Ehe-Patent vom 16. Januar 1783 (JGS 117), das die Säkularisation des Eherechtes in Österreich einleitete, steht unter dem Einfluß des Gallikanismus und der französischen Aufklärung, die bei der Ehe eine Trennung von Sakrament und Vertrag vollzogen hatten. In dem katholischen Österreich bedeutete das josephinische Ehe-Patent von 1783, das mit unwesentlichen Änderungen in das josephinische Gesetzbuch von 1786 aufgenommen worden ist (3. Hauptstück), einen Umsturz des geltenden kanonischen Eherechtes[57]. Die Ehegesetzgebung in Preußen

[55] Vgl. *A. Menzel*, a.a.O. (vorige FN).

[56] *Eduard Winter*, Der Josefinismus und seine Geschichte. Beiträge zur Geistesgeschichte Österreichs, 1740–1848, Brünn-München-Wien 1948, S. 32ff., sieht in Martini eine der wichtigsten Gestalten der theresianischen und josephinischen Epoche und hält Martini auch für den Lehrer Josephs II. (S. 37). Dagegen *Otto Peterka*, Das Zeitalter des aufgeklärten Absolutismus als rechtsgeschichtliche Epoche Böhmens, Bulletin of the International Committee of Historical Sciences, vol. IX, Paris 1937, S. 143.

[57] *Patent vom 16. Januar 1783* (JGS 117), § 1. Die Ehe an sich selbst, als ein bürgerlicher Vertrag (Contract) betrachtet, wie auch die aus diesem Vertrage herfließenden und den Vertrag errichtenden gegeneinander zustehenden bürgerlichen Gerechtsame und Verbindlichkeiten erhalten ihre Wesenheit, Kraft und Bestimmung ganz und allein von den landesfürstlichen Gesetzen; die Entscheidung der hierüber entstehenden Streitigkeiten gehört also für die landesfürstlichen Gerichtsstellen. Vgl. Josephinisches Gesetzbuch vom 1. November 1786 (JGS 591), 3. Hauptstück, § 3. Vgl. jetzt *Hermann Conrad*, Die Grundlegung der modernen Zivilehe durch die Französische Revolution. Ein Beitrag zur neueren Geschichte des Familienrechts, ZRG Germ. Abt. 67, 1950, S. 336ff.; bes. S. 348f. Doch blieb der österreichische Gesetzgeber bei der kirchlichen Eheschließung (*Ehe-Patent von 1783*, § 29; *Josephinisches Gesetzbuch von 1786*, III, §§ [illegible], 33; *Bürgerliches Gesetzbuch für Westgalizien von 1797*, I, §§ 58, 83/84; *ABGB von 1811*, § 75). Bemerkenswert ist die Eheauffassung des Hofrates und 1. Referenten in der Geistlichen Hofkommission *Franz Joseph Heinke* (1726-1803), der als Sohn eines kaiserlichen Zollbeamten in Maltsch in Niederschlesien geboren war und später die Universität Halle besuchte, wo *Justus Henning Boehmer* (1674–1749) und *Christian Wolff* (seit 1740 wieder in Halle) seine Lehrer wurden. *Heinke* kannte die Trennung von Vertrag (Kontrakt) der Ehe und Sakrament, hat aber auf die staatliche Ehegesetzgebung wohl nur einen mittelbaren Einfluß ausgeübt. Hierzu *Ferdinand Maaß*, Der Josephinismus. Quellen zu seiner Geschichte in Österreich 1760–1790. Amtliche Dokumente aus dem Wiener Haus-, Hof- und Staatsarchiv, dem Allgemeinen Verwaltungsarchiv und dem Archiv des Wiener Schottenstiftes. III. Band. Das Werk des Hofrates Heinke 1768–1790, Wien 1956, S. 1f., S. 102ff.

unter der Regierung Friedrichs d. Gr. ist vorsichtiger vorgegangen, obwohl der König die Auffassung Josephs II. und der französischen Aufklärung von der Ehe als einem bürgerlichen Vertrage teilte[58]. Auch der Vorstoß Josephs II. in der Frage der religiösen Toleranz (Toleranzpatent vom 13. Oktober 1781) erfolgte möglicherweise unter dem Einfluß der französischen Aufklärung, vor allem Voltaires Kampf gegen den aufsehenerregenden Justizfall des Protestanten Jean Calas in Toulouse (Traité sur la tolérance, 1763)[59], zeigt aber auch Anklänge an Gedankengänge Becks und Martinis[60]. Frankreich erhielt noch unter dem Ancien régime ein Toleranzedikt (Édit concernant ceux, qui ne font pas profession de la religion catholique von November 1787)[61]. Auch in der Anerkennung der religiösen Toleranz folgte die preußische Gesetzgebung trotz einer entsprechenden Regierungspraxis unter Friedrich d. Gr. nur zögernd (Edikt vom 9. Juli 1788 die Religionsverfassung in den preußischen Staaten betreffend)[62]. Die volle

[58] Das ALR von 1794 ging zwar von der Auffassung der Aufklärung aus, daß die Ehe auf einem Vertrage der beiden Ehepartner beruhe (II, 1, § 38. Ohne die freie Einwilligung beider Teile ist keine Ehe verbindlich), blieb aber im übrigen bei der von der evangelischen Kirchenrechtslehre entwickelten Lehre, daß die Ehe durch den Trauungsakt des Geistlichen (Kopulation) zustande komme (II, 1, § 136. Eine vollgültige Ehe wird durch die priesterliche Trauung vollzogen). Nachhaltiger unter dem Einfluß der Aufklärung stand in Preußen das Ehescheidungsrecht (II, 1, 8. Titel. Von der Trennung der Ehe durch richterlichen Ausspruch).

[59] *Toleranzpatent Josephs II. vom 13. Oktober 1781* bei *Carl Mirbt*, Quellen zur Geschichte des Papsttums und des Römischen Katholizismus, Tübingen 1924[4], no. 552, S. 413. Voltaires Traité sur la tolérance à l'occasion de la mort de Jean Calas (1763) auszugsweise ebda., no. 547, S. 403. *O. Peterka*, a.a.O., S. 144, sieht sogar einen sprachlichen Zusammenhang zwischen dem Traité und dem Toleranzpatent von 1781.

[60] *Chr. A. Beck*, Natur- und Völkerrecht, 2. Buch, 19. Kapitel, S. 124ff.; *K. A. von Martini*, Staatsrecht, 1. Abt., 8. Hauptstück. Von dem Rechte des Regenten in Religionssachen; Lehrbegriff, 3. Band, 8. Hauptstück. Vgl. *A. Menzel*, Z. f. öffentliches Recht 1, 1919/20, S. 516f.; Beiträge z. Geschichte der Staatslehre, S. 469/70, bzgl. Martinis, S. 456/57, dessen Lehre über das Verhältnis von Staat und Kirche er eine größere Bedeutung in der Zeit Maria Theresias, mehr noch Josephs II. zumißt. Zur Vorgeschichte des Toleranzpatentes *Ferdinand Maaß*, Der Josephinismus. Quellen zu seiner Geschichte in Österreich 1760–1790. Amtliche Dokumente aus dem Wiener Haus-, Hof- und Staatsarchiv. II. Band: Entfaltung und Krise des Josephinismus 1770–1790, Wien 1953, S. 46ff. Aus dem älteren Schrifttum *Gustav Frank*, Das Toleranz-Patent Kaiser Josephs II. Urkundliche Geschichte seiner Entstehung und seiner Folgen, Wien 1882. Mir nicht zugänglich: *D. Appelt*, Die Idee der Toleranz unter Kaiser Josef II. Diss. Wien 1950.

[61] Recueil général des anciennes lois Françaises depuis l'an 420 jusqu'à la Révolution de 1789, par *Jourdan*, *Isambert*, *Decrusy*, vol. XXVIII, Paris 1827, p. 472ss.

[62] Auszugsweise bei *C. Mirbt*, Quellen z. Geschichte des Papsttums usw., no. 554, S. 416. Hierzu jetzt *Fritz Valjavec*, Das Woellnerische Religionsedikt und seine geschichtliche Bedeutung, Historisches Jahrbuch 72, 1952, S. 386ff.

Anerkennung der religiösen Toleranz brachte erst das ALR von 1794[63]. Nicht weniger revolutionär war die *Proklamation der allgemeinen Freiheit* im sog. Josephinischen Gesetzbuch vom 1. November 1786 (1. Teil eines Bürgerlichen Gesetzbuches). In II § 1 dieses Gesetzbuches hieß es: „Unter dem Schutze und nach Leitung der Landesgesetze genießen alle Untertanen ohne Ausnahme die vollkommene Freiheit." Die im Entwurfe des Hofrates *Johann Bernhard Horten* noch vorhandene Einschränkung bzgl. der untertänigen Landbewohner wurde bereits 1785 in Anbetracht der von Joseph II. eingeleiteten Bauernbefreiung gestrichen[64]. Geradezu radikal war der Versuch des Kaisers, durch das Josephinische Gesetzbuch die Rechtsstellung der unehelichen Kinder der der ehelichen weitgehend anzugleichen (IV § 16). Der Widerstand Hortens konnte dies nicht verhindern. Nach dem Tode des Kaisers erfolgte schon durch Patent vom 22. Februar 1791 (JGS 115) eine einschränkende Neuregelung[65].

So wies die josephinische Gesetzgebung in eine andere Richtung als die friderizianische in Preußen[66]. Sie entsprach im wesentlichen den von Maria

[63] II, 11, §§ 1–6, bes. § 1. Die Begriffe der Einwohner des Staats von Gott und göttlichen Dingen, der Glaube und der innere Gottesdienst können kein Gegenstand von Zwangsgesetzen sein. § 2. Jedem Einwohner im Staate muß eine vollkommene Glaubens- und Gewissensfreiheit gestattet werden. Vgl. hierzu *Conrad Bornhak*, Preußische Staats- und Rechtsgeschichte, Berlin 1903, S. 320ff.; *Eberhard Schmidt*, Rechtsentwicklung in Preußen, Berlin 1929², S. 31.

[64] Fassung nach dem Entwurfe Hortens, bei *Philipp Harras Ritter von Harrasowsky*, Der Codex Theresianus und seine Umarbeitungen, IV. Band. Die Umarbeitungen des Codex Theresianus, I. Band. Der Entwurf Hortens, Wien 1886, S. 24: 1. Teil, 1. Capitel. Von den Rechten Unserer Unterthanen überhaupt. § 1. Unter dem Schutze und Leitung Unserer Gesetze genießen alle Unsere Unterthanen ohne Ausnahme das Recht der natürlichen Freiheit. Und obwohl diese Freiheit durch die in Unseren Erblanden verschiedentlich eingeführte Untertänigkeit in einem mehr oder minderen Maß beschränket wird, nachdem die Untertanen ihren Herrschaften in Ansehung ihrer Personen und Gründe verbunden sind, so erstrecket sich doch ein solches nicht weiter, als es in den Landesverfassungen gegründet und Unseren Landesordnungen gemäß ist. — Hierzu a. a. O. FN. 1.

[65] Im einzelnen *Harrasowski*, a.a.O., S. 65, FN. 13.

[66] Bemerkenswert ist die scharfe Kritik von *Svarez* an der Gesetzgebung Josephs II. *Svarez*, Vorträge S. 16, bezeichnet die Gesetzgebung Josephs II. als mißlungen aus folgenden Gründen:

1. Er verfuhr zu hastig und übereilt in Abschaffung alter und Gebung neuer Gesetze. Ohne Plan und Ordnung. Ohne Zusammenhang.
2. Er wollte lauter allgemeine Gesetze haben und reflektierte nicht genugsam auf die verschiedenen Gebräuche, Verfassungen, den Unterschied der Genies, der Kultur, die Lage der Provinzen.
3. Er schonte nicht genugsam die wohlerworbenen Rechte seiner Untertanen, sondern nahm ihnen durch neue Gesetze alte längst erworbene Rechte und Privilegia ohne alle Entschädigung.
4. Seine Strafgesetze waren zu hart und überschritten das gehörige Verhältnis.

Theresia schon 1775 hervorgehobenen Generalsätzen Josephs II., denen die Kaiserin nicht folgen zu können glaubte: Freie Religionsübung, Vernichtung des Adels im Hinblick auf die allgemeine Gleichheit und Anerkennung einer allgemeinen Freiheit[67]. Der Tod des Kaisers lenkte die Gesetzgebung in andere Bahnen. Der von Leopold II. im Jahre 1790 mit der Leitung der neu zusammengesetzten Hofkommission in Gesetzsachen betraute *K. A. von Martini*, der seit 1754 die an der Universität Wien neu geschaffene Lehrkanzel für Naturrecht innehatte und von der Kaiserin mit der Unterweisung ihres Sohnes Leopold in der Rechts- und Staatsgelehrsamkeit betraut worden war, verfolgte in der naturrechtlichen Grundlegung von Recht und Staat ein ähnliches Ziel wie die Schöpfer des ALR von 1794[68].

Martini kennt den Naturstand des Menschen und den durch die Gründung des Staates geschaffenen bürgerlichen Stand des Menschen. Die Unzulänglichkeiten des Naturstandes veranlaßten die Menschen, Gesellschaften und Staaten zu gründen. Dadurch beschränkten sie ihre Freiheit, weil „der sogenannte Zustand der Freiheit noch viel größere Unbequemlichkeiten mit sich führte" (Staatsrecht § 5). „Wer in einen Staat tritt, unterwirft seine natürliche Freyheit der gemeinschaftlichen Herrschaft und verspricht, in alles zu willigen, was dem Regenten immer wird gefällig sein" (Lehrbegriff

[67] *A. Menzel*, Z. f. öffentliches Recht 1, 1919/20, S. 524. Die Anerkennung der allgemeinen Freiheit in Jos. Gesetzbuch II, § 1, und der allgemeinen Gleichheit in II § 3. Alle, die in den Erbländern unter der landesfürstlichen Gewalt vereiniget leben, sind für Inländer und Untertanen zu halten und genießen ohne Unterschied die Untertanen und Inländern allgemein gebührenden Rechte. — Zu Josephs II. Plan der Entmachtung des Adels zugunsten des Volkes jetzt *François Fejtö*, Joseph II. Kaiser und Revolutionär, Stuttgart 1956, S. 88ff., 102.

[68] Zu *Karl Anton Freiherrn von Martini zu Wasserberg* (1726–1800): *H. v. Zwiedineck-Südenhorst*, Allgemeine Deutsche Biographie, 20. Band, Leipzig 1884, S. 510; *Ernst Landsberg*, Geschichte der Deutschen Rechtswissenschaft, 3. Abteilung, 1. Halbband, Noten, München und Leipzig 1898, S. 249; *F. Klein-Bruckschwaiger*, Karl Anton von Martini in der Zeit des späten Naturrechts, Festschr. *K. Haff*, S. 120ff., mit weiteren reichen Schrifttumsnachweisen. Zu Martinis Lehren: *A. Menzel*, Z. f. öffentliches Recht 1, 1919/20, S. 519; Beiträge z. Geschichte der Staatslehre, S. 449ff.

Den folgenden Ausführungen liegen an Werken Martinis zugrunde:

1. *De lege naturali positiones*, 1762. Deutsch: *Lehrbegriff des Natur-, Staats- und Völkerrechts*, 1783. *Zit.:* Lehrbegriff III (= 3. Band).
2. *Positiones de jure civitatis in usum auditorii*, 1768. Deutsch: *Allgemeines Recht der Staaten. Zum Gebrauch der öffentlichen Vorlesungen in den k. k. Staaten*, 1799. Vom Verfasser selbst veranstaltete Übersetzung. *Zit.:* Staatsrecht. In der Praefatio der lateinischen Ausgabe erwähnt Martini, daß den Ausführungen Vorlesungen zugrundelägen, die vor 7 Jahren, also etwa 1761, dem Unterricht des Erzherzogs Leopolds, des späteren Großherzogs von Toskana, gedient hätten.

III, 85). Der Staat ist demnach ein Zusammenschluß freier Menschen, die sich ihrer Sicherheit wegen unter einem gemeinschaftlichen Oberhaupte vereinigt haben (Staatsrecht § 9). Der Staat beruht auf einem Vertrage, dem „bürgerlichen Vereinigungsvertrage" (a. a. O. § 38). Der erste und wichtigste Endzweck des Staates ist die Sicherheit, eigentlich die allgemeine Wohlfahrt (a. a. O. § 13). Die Herrschaft im Staate (sog. bürgerliche Oberherrschaft) ist „das vollkommene Recht, den Staat zu regieren, das ist, die Handlungen aller Unterthanen nach Willkür zu dem Endzweck der allgemeinen Sicherheit zu leiten" (a. a. O. § 50). Von den Pflichten derjenigen, die einen Staat regieren, sagt Martini folgendes:

„Diejenigen, derer Herrschaft alle Familienhäupter eines Volkes sich unterworfen haben, indem sie die Unterwerfung annehmen, verheißen dadurch selbst stillschweigend, daß sie auch für die Wohlfahrt des gesammten Volkes sorgen wollen, durch diese Verheißung legen sie sich also die Verbindlichkeit auf, nach diesem Endzwecke der Staaten mit allem Ernst zu streben. Nun mehr läßt sich hieraus leicht abnehmen, woher die besonderen Pflichten der Regenten und aller derer, die an der Regierung theilnehmen, herzuleiten seyn. Regieren heißt, die bürgerliche Herrschaft ausüben, das ist von den Mitteln und Rechten, die der obersten Gewalt zustehen, rechtmäßigen Gebrauch machen."
(Lehrbegriff III, 239)

In der Monarchie ist die Herrschaft im Staate einer Person übertragen, dem Regenten. Aus der Herrschaft des Regenten fließt das Recht, „die Handlungen seiner Unterthanen nach seinem Ermessen zum Endzweck der Gesellschaft zu leiten" (Staatsrecht § 70). Zu den Mitteln, zum gemeinschaftlichen Endzweck zu führen, gehört das Recht des Regenten, Gesetze zu geben. „Der hinlänglich kund gemachte Wille des Regenten, nach welchem die Unterthanen ihre Handlungen einrichten sollen, heißt in strengerem Verstande ein Gesetz" (a. a. O. § 70). Gegenstand der Gesetzgebung kann alles sein, was sich auf den Endzweck des Staates bezieht (a. a. O. § 86). Soweit die Gesetze die Wesenheit des Staates selbst betreffen, sind sie unvergänglich, notwendig, überall dieselben und unveränderlich. Die übrigen Gesetze sind zufällig, d. h. von den besonderen Umständen einzelner Staaten abhängig (Lehrbegriff III, 71; Staatsrecht § 71).

Martini unterscheidet demnach zwischen natürlichen Gesetzen, die „aus dem Begriff des Staates fließen" und positiven Gesetzen, „die von zufälligen Umständen herrühren" (Staatsrecht § 82). Die staatliche oder bürgerliche Gesetzgebung ist dann vollkommen, „wenn die zufälligen Gesetze mit jenen, die sich auf die Wesenheit des Staates selbst gründen, nicht im Widerspruche stehen" (a. a. O. § 72). Der den Bürgern von der staatlichen (bürgerlichen) Gesetzgebung belassene Teil der natürlichen Freiheit wird die *bürgerliche Freiheit* genannt. Zum Maße der Beschränkung der natürlichen Freiheit durch die bürgerliche Gesetzgebung führt Martini aus:

„Die natürliche Freyheit der Bürger wird von den zufälligen bürgerlichen Gesetzen in allen denen Fällen eingeschränkt, in welchen sonst diese Freyheit dem Staate nachtheilig werden könnte. Was aber unter gewissen Umständen dem Staate nachtheilig werde, das können nur diejenigen einsehen, die mit allen Theilen der Verwaltung bekannt sind." (Lehrbegriff III, 76)

Kein Untertan hat also das Recht, dem Regenten den Gehorsam zu verweigern, „aus dem einzigen Grunde, weil er zweifelte, ob nicht der Regent über eine Sache gesprochen habe, die über die Gränzen seiner Macht hinaus ist" (Staatsrecht). „Den Unterthanen bleibt in solchen Fällen nichts übrig als die Ehre zu gehorchen, und das Recht, gegen ein Gesetz, das ihnen lästig scheint, Vorstellungen zu machen" (a. a. O. § 87). In eingehender Auseinandersetzung mit der Lehre der Monarchenfeinde wird die Auffassung, daß sich das Volk gegen den ungerechten König nicht mit Gewalt zur Wehr setzen könne, noch einmal wiederholt. Dies gilt selbst für einen Tyrannen, d. h. einen Regenten, der den ganzen Staat zugrunde richten will. Gegen diesen ist nur ein begrenzter Widerstand (Gehorsamsverweigerung in unerlaubten Dingen), notfalls Einsperrung oder Verwahrung erlaubt (a.a.O. §§ 364ff.).

Martinis Rechts- und Staatslehre stimmt mit der von Svarez überein. Sie beruht auf den gleichen Grundlagen wie diese, wenn sich im einzelnen auch Abweichungen ergeben. Bemerkenswert ist der Versuch *Martinis*, seine Lehren in dem von ihm angefertigten Entwurf eines Bürgerlichen Gesetzbuches zur Anerkennung zu bringen. Seit der Mitte des 18. Jahrhunderts waren in Österreich Bestrebungen im Gange, einen sog. politischen Kodex zu schaffen. Der Plan eines solchen politischen Gesetzbuches ist mit der Persönlichkeit *Joseph von Sonnenfels'* aufs engste verknüpft[69]. Dieser sah darin den Entschluß Maria Theresias, „eine Gewalt, die sie nicht mißbrauchen wollte, zu mäßigen, damit solche von niemanden nach ihr gemißbraucht werden könnte[70]." Es tritt hier also der gleiche Gedanke zutage wie in Preußen, nämlich eine den Regenten selbst bindende Grundgesetzgebung zu schaffen. Unter Joseph II. regte sich der Widerstand gegen ein solches Gesetzbuch. Ein Gegenvorschlag sah nur eine Sammlung

[69] *Sigmund Adler*, Die politische Gesetzgebung in ihren geschichtlichen Beziehungen zum allgemeinen bürgerlichen Gesetzbuche, Festschrift z. Jahrhundertfeier des Allgemeinen Bürgerlichen Gesetzbuches. 1. Juni 1911, 1. Teil, Wien 1911, S. 92.

[70] Promemoria von 1791, a.a.O., S. 92, FN. 17.

politischer Gesetze vor. Schließlich verwarf der Kaiser im Jahre 1782 den Gedanken eines politischen Kodex wohl auch aus der Erkenntnis der unter seiner Regierung besonders starken Wandelbarkeit der politischen Gesetzgebung und sprach den Wunsch nach Ausarbeitung eines Registers der geltenden politischen Gesetzgebung aus[71]. Leopold II. dagegen ordnete die Anfertigung eines politischen Kodex im Sinne eines Verfassungs- und Verwaltungsgesetzbuches mit einer grundgesetzlichen Regelung an. Der Kaiser erteilte zugleich die Weisung, „nicht von den Rechten der Menschheit, sondern nur von jenen des Bürgers" zu sprechen[72]. Die durch die Französische Revolution ausgelöste Gegenbewegung begann sich auch in Österreich auszuwirken und mahnte selbst den mit seinen Verfassungsplänen im Großherzogtum Toskana hervorgetretenen Leopold zur Vorsicht[73]. Der Plan eines politischen Kodex ist in Österreich nicht in die Tat umgesetzt worden.

Die Bestrebungen in Österreich, einen politischen Kodex zu schaffen, zeigen, wie vordringlich in der zweiten Hälfte des 18. Jahrhunderts eine grundgesetzliche oder sogar verfassungsähnliche Regelung der Staats- und Regierungsgrundsätze angesehen wurde. Unter Leopold II. bemerkte die mit dem Plan eines politischen Kodex beschäftigte Hofkanzlei, sie werde das Vertrauen zu rechtfertigen wissen, „das Werkzeug eines bürgerbeglückenden Entwurfes zu werden, dessen Ausführung die Verbindlichkeit und die Rechte des Ganzen gegen die Theile und der Theile gegen das Ganze, die Verhältnisse aller Stände, aller Klassen wechselseitig zu bestim-

[71] A.a.O., S. 93ff.

[72] A.a.O., S. 99ff., bes. S. 105. Die Einschränkung geht auf ein Gutachten des Grafen *Hatzfeld* zurück, der es für überflüssig hielt, für österreichische Staatsbürger allgemeine Menschenrechte festzusetzen, da diese nur für den vorstaatlichen Zustand gälten, über den jedoch die österreichischen Staatsbürger schon hinaus seien. Hierzu a.a.O., S.104/05.

[73] Die zunehmende Auseinandersetzung mit der Französischen Revoulution zeigt die Stellungnahme der Hofkanzlei in einer Vorlage das politische Gesetzbuch betreffend: „Man ist ferne, von den Rechten der Menschheit und des Bürgers mit einiger Besorgnis zu sprechen, weil diese Wörter den Gewaltthätigkeiten einer Revolution zu Lösewörtern gedient haben. Vielmehr dürfte hier ängstliches Stillschweigen für ein erniedrigendes Geständnis mißgedeutet werden. Die Heiligkeit dieser Rechte soll dadurch nicht vermindert werden, weil ihr Name in dem Munde einer Rotte entweihet ist, und die Unterthanen Euerer Majestät haben zu einer Regierung, die sich durch weisheitsvolle Mäßigung und bei jedem Anlasse durch hohe Achtung für die Rechte aller Klassen angekündigt hat, die gegründeteste Zuversicht: die Rechte der Menschen und Bürger seien nirgends sicherer bewahrt als im Herzen Leopolds." A.a.O., S. 101 FN. 32. Zum Verfassungsprojekt Leopolds II. jetzt *Adam Wandruszka*, Joseph II. und das Verfassungsprojekt Leopolds II. Die Abolition und Wiedererrichtung der toskanischen Sekundogenitur 1784–1790, HZ 190, 1960, S. 18ff., mit früherem Schrifttum, S. 18, FN. 1.

men und zu beschützen und durch Gründung eines dauerhaften Systems in der Gesetzgebung der Monarchie eine Verfassung zu geben fähig ist, deren wohltätige Wirkung nicht bloß bei den Zeitverwandten stehen bleiben, sondern sich auf die ferne Späterwelt verbreiten wird[74]." Zu einer solchen Regelung konnte auch das preußische Vorbild anregen, wenn auch bei den Verhandlungen in der Revisionskommission darauf hingewiesen wurde, der preußische Geschmack sei schon just nicht allemal der beste[75]. *Martinis* Anliegen, Grundsätze über Recht und Staat in ein Bürgerliches Gesetzbuch aufzunehmen, wird damit verständlich. Neben zustimmenden Ansichten, die einleitende Bestimmungen über das Verhältnis von Landesfürst und Untertanen gewissermaßen als politischen Katechismus empfahlen, wurden Bedenken auch politischer Natur gegen eine solche Gesetzgebung geltend gemacht[76]. *Sonnenfels* verstand sich trotz der von ihm für einen politischen Kodex entfalteten Tätigkeit dazu, einen Gegenentwurf vorzulegen[77].

Martinis Auffassung hat sich schließlich durchgesetzt. Sie fand ihren Niederschlag in den die ursprüngliche Fassung des Entwurfes abändernden Vorschriften des zunächst durch Patent vom 13. Februar 1797 in Westgalizien und am 18. September 1797 auch in Ostgalizien eingeführten Bürgerlichen Gesetzbuches[78] (sog. *Bürgerliches Gesetzbuch für Westgalizien*):

I § 5. Menschen, die sich miteinander vereinigen, um nach gewissen Vorschriften einen gemeinschaftlichen Zweck zu erreichen, heißen eine Gesellschaft.

§ 6. Der Staat ist eine Gesellschaft, die zur Erreichung eines bestimmten der Natur des Menschen angemessenen und unveränderlichen Endzweckes unter einem gemeinschaftlichen Oberhaupte vereinigt und verbunden ist.

§ 7. Dieser Endzweck ist überhaupt die allgemeine Wohlfahrt des Staates, das ist die Sicherheit der Personen, des Eigentums und aller übrigen Rechte seiner Mitglieder.

§ 8. Die zur Erreichung dieses Endzweckes notwendigen Vorschriften oder Regeln gibt das Oberhaupt des Staates, und sie heißen Gesetze[79].

Das Gesetzbuch kennt, entsprechend der Lehre *Martinis*, einen doppelten Stand des Menschen: den natürlichen Stand, in dem dem Menschen

[74] *S. Adler*, a.a.O., S. 103.

[75] *Philipp Harras Ritter von Harrasowski*, Der Codex Theresianus und seine Umarbeitungen. V. Band. Die Umarbeitungen des Codex Theresianus. II. Band. Entwurf Martinis, Wien 1886, S. 3/4 FN. 1; *S. Adler*, a.a.O., S. 125/26.

[76] *v. Harrasowski*, a.a.O., S. 3/4 FN. 1.

[77] Hierzu eingehend *S. Adler*, a.a.O., S. 112ff.

[78] *Patent vom 13. Februar 1797* (JGS 337); Patent vom *8. September 1797* (JGS 373).

[79] *Bürgerliches Gesetzbuch nach dem Entwurfe Martinis* (*Harrasowski*, a.a.O., 1ff.), 1. Teil, 1. Hauptstück. Von den bürgerlichen Gesetzen. § 1. Bei einer jeden Gesellschaft werden Bestimmungen und Vorschriften zum Grunde gelegt, nach welchen die darin

natürliche oder angeborene Rechte und Pflichten zukommen, und den gesellschaftlichen (bürgerlichen) Stand, aus dem sich gesellschaftliche Rechte und Pflichten des Menschen ergeben[80]. Mit dem Eintritt in die bürgerliche Gesellschaft geben die Menschen ihre natürlichen oder angeborenen Rechte bzw. Pflichten keineswegs auf: „Nur eine gewisse Richtung und Beschränkung dieser Rechte findet insofern statt, als sie zur Erreichung der allgemeinen Wohlfahrt notwendig ist" (I § 28)[81]. Zu den angeborenen Rechten der Menschen gehören nach dem ausdrücklichen Ausspruch des Gesetzes vorzüglich das Recht, „sein Leben zu erhalten, die dazu nötigen Dinge sich zu verschaffen, seine Leibes- und Geisteskräfte zu veredeln, sich und das Seinige zu verteidigen, seinem gutem Leumund zu behaupten, endlich das Recht mit dem Seinigen frei zu schalten und zu walten" (I § 29)[82]. Diese Rechte, die die bürgerliche Gesetzgebung dem einzelnen grundsätzlich belassen muß, bilden den Kern der *bürgerlichen Freiheit.*

Das Gesetzbuch kennt auch den *Grundsatz der justizförmigen Entscheidung von Rechtsstreitigkeiten,* selbst wenn diese sich zwischen dem Staatsoberhaupt als Privatperson und anderen Landesbewohnern ereignen (I §§ 36/37). Es verleiht jedem Bürger das Recht, den Rechtsweg zu beschreiten, „so oft er durch was für immer gesetzwidrige Verfügungen in seinen Privatrechten gekränkt zu sein glaubt" (I § 38)[83]. Endlich verbietet es in Übereinstimmung mit dem preußischen AGB von 1791 Einleitung § 6 den sog. *Machtspruch* (I § 39. Entscheidungen, welche ohne das vorgeschriebene richterliche Verfahren ergehen oder sogenannte Machtsprüche sollen weder Kraft noch Wirkung haben)[84].

vereinigten Mitglieder ihre Handlungen zur Erreichung eines vorgesetzten Endzweckes einzurichten verbunden sind. § 2. Für die bürgerliche Gesellschaft oder einen Staat sind dergleichen Grundsatzungen und Rechtsvorschriften noch mehr erforderlich; nur durch diese kann derselbe seinen Hauptzweck, die Sicherheit der Personen, des Vermögens und (der) übrigen Rechte erzielen. Diese von dem Staatsoberhaupte gegebenen rechtlichen Vorschriften heißen Gesetze.

[80] WGGB I, § 4. Rechte und Pflichten gründen sich entweder in der Natur des Menschen allein, und dann heißen sie natürliche und angeborene Rechte und Pflichten, oder sie gründen sich auf eine bestimmte Gesellschaft, dann werden sie positive, das ist vermög des gesellschaftlichen Lebens entstandene Rechte und Pflichten genannt.

[81] Dem entspricht *Bürgerliches Gesetzbuch nach dem Entwurfe Martinis,* 1. Teil, 2. Hauptstück. Von den bürgerlichen Rechten und Pflichten überhaupt § 1 (*Harrasowski,* a.a.O., S. 15/16).

[82] Dem entspricht a.a.O., § 2 (*Harrasowski,* a.a.O., S. 16).

[83] Diesen entsprechen a.a.O., §§ 11/12 (*Harrasowski,* a.a.O., S. 17/18).

[84] Dem entspricht a.a.O., § 13. Entscheidungen, welche ohne das vorgeschriebene richterliche Verfahren ergehen, oder sogenannte Machtsprüche sollen nie von Kraft und Wirkung sein (*Harrasowski,* a.a.O., S. 18).

Bei der Umarbeitung des Westgalizischen Bürgerlichen Gesetzbuches zum *Allgemeinen Bürgerlichen Gesetzbuch für die gesamten deutschen Erbländer der österreichischen Monarchie von 1811* hat dessen eigentlicher Verfasser, der Wiener Naturrechtslehrer *Franz von Zeiller* (1751–1828), die grund- und naturrechtlichen Bestimmungen, den politischen Katechismus *Martinis*, gestrichen. Die Streichung erfolgte mit dem ausgesprochenen Ziele, eine schärfere Trennung zwischen dem öffentlichen und privaten Recht herbeizuführen[85]. Bestimmend dürfte für *Zeiller* aber auch gewesen sein, daß die in den Vorschriften zum Ausdruck gebrachte rechts- und staatsphilosophische Grundanschauung *Martinis* seiner eigenen anders gerichteten Auffassung nicht entsprach[86]. Damit fiel auch wie in Preußen das *Verbot des Machtspruches*, das sich damals, wie auch der ergebnislose Kampf *J. G. Schlossers* gegen einen Machtspruch in Baden zeigt (1791)[87], noch keineswegs durchsetzen konnte. Es hat erst im 19. Jahrhundert in dem verfassungsrechtlichen Verbot der Kabinettsjustiz eine erfolgreichere Ausprägung erfahren (vgl. Frankfurter Reichsverfassung von 1849 § 175). Nunmehr wurde auch das landesherrliche Recht der Bestätigung und Änderung von Strafurteilen beseitigt[88].

[85] *S. Adler*, a.a.O., S. 141ff.

[86] Dieser Tatsache trägt *S. Adler*, a.a.O., S. 142, zuwenig Rechnung. Siehe jetzt *Hermann Conrad*, Individuum und Gemeinschaft in der Privatrechtsordnung des 18. und beginnenden 19. Jahrhunderts, Karlsruhe 1956, S. 21ff.

[87] Hierzu *P. Lenel*, a.a.O., S. 165ff.; *Julius Federer*, Recht und Juristen im alten Baden, Festschrift zur Eröffnung des Bundesgerichtshofes in Karlsruhe, Karlsruhe (1950), S. 68ff.

[88] Vgl. *E. Kern*, Geschichte des Gerichtsverfassungsrechtes, S. 63.

IV. Die neue Grundlegung des Privatrechtes

Insgesamt zeigt die Entwicklung in Preußen und Österreich das Ziel, in einer grundgesetzlichen Regelung die Staatsgewalt an bestimmte vorgegebene Zwecke der bürgerlichen Gesellschaft zu binden und dem Bürger einen gewissen Rechtsbereich der Freiheit *(bürgerliche Freiheit)* zu gewährleisten. Diese rechtsstaatlichen Bestrebungen wurden nunmehr auf das Privatrecht übertragen. Das Privatrecht ist nach der Auffassung der Gesetzgebung der 2. Hälfte des 18. Jahrhunderts der „Inbegriff aller Gesetze, wodurch die wechselseitigen Rechte und Pflichten der Einwohner des Staates unter sich bestimmt werden" (WGGB I § 9)[89]. Sofern die Theorie zwischen dem Naturstand des Menschen und dem darin geltenden Naturrecht und dem bürgerlichen Stand des Menschen und dem darin geschaffenen bürgerlichen Recht unterschied, war das Privatrecht, soweit es von der Gesetzgebung geregelt wurde, bürgerliches Recht[90]. *Svarez* versteht unter dem bürgerlichen Recht die Normen, die „entweder die Verhältnisse der Untertanen gegen den Staat oder die Verhältnisse der Untertanen untereinander" bestimmen. Das Letztere ist bürgerliches Privatrecht und enthält die Gesetze, „welche die Rechte und Pflichten zwischen den Bürgern des Staats in Ansehung ihrer Privatangelegenheiten bestimmen[91]." Das auf dem Entwurfe Martinis beruhende WGGB von 1797 spricht ebenfalls von dem „bürgerlichen Privatrecht", indes das ABGB von 1811, dessen Verfasser *Zeiller* von einer anderen Anschauung des Rechtes ausging, den „Inbegriff der Gesetze, wodurch die Privat-Rechte und Pflichten der Ein-

[89] Entwurf Martinis (*Harrasowski*, Der Codex Theresianus und seine Umarbeitungen, V, S. 5), I, 1, § 3. Der Inbegriff der Gesetze, durch welche die Rechte, Pflichten und Obliegenheiten aller Bürger und Landeseinwohner unter sich bestimmt werden, macht eigentlich das Privat-, Civil- oder bürgerliche Recht aus; solches wird nun für alle deutschen Erbländer des österreichischen Staats in diesem Gesetzbuche vorgetragen.

[90] *Martini*, Staatsrecht, § 80, unterscheidet verschiedene Arten bürgerlicher Gesetze:

„Jene, welche den Zustand des Staates, in so fern er eine sittliche Person vorstellt, betreffen, werden öffentliche, jene hingegen, welche sich auf einzelne Personen und ihr Vermögen beziehen, Privatgesetze genannt: Andere, welche über die Rechte der Sachen, über das Eigentum und über die Art, mit demselben zu verfahren, bestimmen, heißen insbesondere bürgerliche Privatgesetze: Andere endlich, welche gegen Verbrechen, nämlich gegen Handlungen, die aus List oder Verschulden begangen werden, Strafen verhängen, sind unter dem Namen peinlicher Gesetze bekannt."

[91] *C. G. Svarez*, Vorträge, S. 580.

wohner des Staates unter sich bestimmt werden", als bürgerliches Recht schlechthin bezeichnet (§ 1)[92].

In dieser gesetzlichen Begriffsbestimmung des Privatrechtes zeichnet sich eine schärfere Abgrenzung des privatrechtlichen Bereiches vom öffentlich-rechtlichen Bereich ab, die sich in der preußischen Gesetzgebung nicht findet[93]. Für die Gesetzgebung beider Staaten in gleicher Weise bemerkenswert ist, daß die privatrechtliche Stellung des einzelnen als eine schutzwürdige Rechtslage des Bürgers angesehen wurde. Da der Staat den einzelnen Bürger bei seinen Rechten schützen soll, muß er auch für die Sicherung der privaten Rechte Sorge tragen. In diesem Sinne erklärte bereits das Josephinische Gesetzbuch von 1786:

I § 1. Jeder Untertan erwartet von dem Landesfürsten Sicherheit und Schutz. Es ist also die Pflicht des Landesfürsten, die Rechte der Untertanen deutlich zu bestimmen und ihre Handlungen so zu leiten, wie es der allgemeine und besondere Wohlstand fordert.

Die Schaffung einer dem Staatszweck entsprechenden Privatrechtsordnung wurde damit zur Staatsaufgabe, und es ist kein Zufall, wenn Joseph II. im Josephinischen Gesetzbuche zunächst nur das Personenrecht regelte[94]. In Preußen hat *Svarez* die rechtsstaatliche Aufgabe zur Ordnung des Privatrechtes näher begründet: Mit Eintritt in den Stand der bürgerlichen Gesellschaft hätten sich die Menschen der selbsteigenen Ausübung

[92] WGGB I, § 9. Der Inbegriff aller Gesetze, wodurch die wechselseitigen Rechte und Pflichten der Einwohner des Staates unter sich bestimmt werden, macht das *bürgerliche Privatrecht* desselben aus. *Franz Edler von Zeiller*, Das natürliche Privatrecht, Wien 1819³, § 14, unterscheidet zwischen Privatrecht und öffentlichem Recht. In einem Vortrag vom 21. Dezember 1801 hat *Zeiller* folgende Hauptzweige des Rechtes und der Gesetze unterschieden: „Das Staatsrecht stelle das Subjekt der obersten Macht, die Regierungsform dar. Die *politische Gesetzgebung* habe das Verhältnis der Einzelnen zum Ganzen, sie habe die Mittel zur Aufrechterhaltung der äußeren und inneren Sicherheit, die Vervielfältigung der Nahrungszweige, die Behebung und Verwaltung der Staatseinkünfte zum Gegenstande. Das *Criminalrecht* schütze die Rechte der öffentlichen Verwaltung und der Privaten gegen unmittelbare vorsätzliche Angriffe durch tätig angedrohte Strafen. Das *bürgerliche Recht* bestimme die gegenseitigen Privatrechte der einzelnen Einwohner, und die *bürgerliche Gerichtsordnung* bezeichne die gesetzlichen Wege, sie im Staate geltend zu machen." Excurse über österreichisches allgemeines bürgerliches Recht. Beilagen zum Commentar von *Leopold Pfaff* und *Franz Hoffmann*, 1. Band, 1. Heft, Wien 1877, S. 36/37. Auch *J. G. Schlosser*, Briefe über die Gesetzgebung usw., S. 124, bezeichnet das Zivilgesetz als „eine Entscheidung der verschiedenen Meinungen der Menschen über die Rechte und Verbindlichkeiten, welche sie gegen einander haben."

[93] Hierzu kritisch *J. G. Schlosser*, a.a.O., S. 141ff.; *F. von Zeiller*, a.a.O., S. 43/44, unter Berufung auf Schlosser.

[94] Zutreffend auch *O. Peterka*, a.a.O., S. 144.

ihrer Rechte begeben und sie dem Staate übertragen. „Der Staat ... muß imstande sein, zu wissen und zu beurteilen, was zu den Rechten und Pflichten eines jeden Staatsbürgers wirklich gehöre. Diese Prüfung setzt äußere Merkmale und Kennzeichen voraus, an welchen erkannt werden könne, ob dieser oder jener das Recht, welches er zu haben behauptet, wirklich besitze; ob er die Pflicht, die von ihm gefordert wird, wirklich übernommen habe. Es kommt also nicht mehr so wie im Naturstande auf die innere Meinung und Überzeugung eines jeden an, was er zu dem Seinigen rechne, sondern es muß durch äußerliche Merkmale bestimmt werden, was der Staat, der die Rechte eines jeden einzelnen in seinem Namen ausüben soll, als ein ihm zukommendes Recht, als eine ihm obliegende Pflicht betrachten müsse[95]."

Für die Gesetzgebung selbst ergaben sich daraus gewisse Grundsätze, vor allem die in der damaligen Zeit immer wieder hervorgehobene Vereinfachung und Vereinheitlichung (Simplifizierung und Unifizierung) der Gesetze. *Svarez* nennt als Erfordernisse der Gesetzgebung: Zurückführung der Fälle auf allgemeine Grundsätze, Deutlichkeit und Bestimmtheit der Vorschriften, deren Aufstellung in einer natürlichen und zusammenhängenden Ordnung, Allgemeinverständlichkeit und Abfassung in der deutschen Sprache[96]. Ähnlich führt *Martini* sechs Eigenschaften der bürgerlichen Gesetze auf: 1) Abfassung in der Landessprache und allgemeine Bekanntgabe, 2) Zusammenfassung in einem einzigen und immergültigen Gesetzbuch, 3) Kürze und Verständlichkeit, 5) Zahlenmäßige Beschränkung, 6) Einfachheit im Sinne der natürlichen Rechtsordnung, um ihnen Beständigkeit und Dauer zu verleihen[97].

In der Frage des Umfanges der Gesetze wichen allerdings die preußische und österreichische Auffassung grundlegend voneinander ab. Der preußische Gesetzgeber verfiel einer weitschweifigen Kasuistik, die selbst die Kritik Friedrichs d. Gr. herausgefordert hat. In der Auseinandersetzung mit dieser Kritik wies *Svarez* in einem Vortrage vor der Mittwochsgesellschaft „Inwiefern können und müssen Gesetze kurz sein?" darauf hin, daß es vom Übel sei, wenn die Rechte und Pflichten der Bürger im Hinblick auf die mannigfachen Verhältnisse nicht genügend deutlich bestimmt seien, und „also die Bestimmung bei vorfallendem Streite dem Befinden des Richters überlassen werden muß. Denn alsdann wird der Richter zum

[95] *C. G. Svarez*, Vorträge, S. 581.
[96] A.a.O., S. 601/02.
[97] *Martini*, Staatsrecht, §§ 78/79.

Gesetzgeber; und nichts kann der bürgerlichen Freiheit gefährlicher sein, zumal wenn der Richter ein besoldeter Staatsdiener und das Richteramt lebenswierig ist"[98]. Demgegenüber sah *Zeiller* in einer solchen Kasuistik die Verwandlung des Richters in eine rechtsprechende Maschine[99].

Angesichts dieser Bestrebungen einer neuen Grundlegung der Privatrechtsordnung kann es nicht wundernehmen, wenn das Josephinische Gesetzbuch den Grundsatz der allgemeinen Freiheit aller Untertanen verkündete (II § 1)[100]. Ihm schloß sich das ABGB von 1811 mit dem Ausspruch an: „Sklaverei oder Leibeigenschaft und die Ausübung einer darauf sich beziehenden Macht wird in diesen Ländern nicht gestattet" (§ 16 S. 2)[101]. Preußen folgte mit einer entsprechenden Proklamation der Aufhebung der Leibeigenschaft (Erbuntertänigkeit) erst im Steinschen Edikt vom 9. Oktober 1807 (§ 12. Mit dem Martinitage 1810 gibt es nur noch freie Leute)[102], indes die Beseitigung der Sklaverei bereits durch das ALR II 5 §§ 198ff. eingeleitet, aber erst durch das preußische Gesetz vom 9. März 1857 (GS. S. 160) vervollständigt wurde. Das ALR von 1794 kannte das Grundrecht der persönlichen Freiheit ebensowenig wie das Grundrecht der Gleichheit. In der durch die feudalständische Ordnung bedingten bürgerlichen Ungleichheit der Menschen stimmen das ALR von 1794 und das WGGB von 1797 überein. *Svarez*, der zwar eine naturrechtliche Gleichheit der Menschen anerkennt, begründet die bürgerliche Ungleichheit damit „daß die auf Geburt und Stand beruhenden besonderen Rechte nicht im Naturrechte, sondern im bürgerlichen Recht ihren Ursprung haben[103]. Demgemäß erkennt das ALR von 1794 die allgemeinen (natürlichen) Rechte des

[98] *C. G. Svarez*, Vorträge, S. 628.

[99] *F. v. Zeiller*, Beilage zum Vortrag vom 19. Januar 1808, a.a.O., S. 62: „Immer aber war man zugleich besorgt, die gefährliche Klippe einer ängstlichen, weitschweifigen und doch nie befriedigenden Kasuistik zu vermeiden, von der man weder das römische noch das preußische Gesetzbuch frei sprechen kann. In diesen Fehler der Gesetzgebung muß man notwendig verfallen, wenn man so, wie das preußische Gesetzbuch, den Richter an eine buchstäbliche Anwendung des Gesetzes binden und ihn in eine rechtsprechende Maschine verwandeln will. Dagegen wird in dem nebenliegenden Entwurfe dem Richter eine freiere, doch vernünftig beschränkte Macht in der Auslegung und Anwendung der Gesetze zugestanden". — Hierzu Einleitung zu *C. G. Svarez*, Vorträge, S. XVIII, und FN. 8.

[100] Siehe oben S. 31.

[101] Für einen Einfluß von Sonnenfels auf diese Vorschrift *S. Adler*, a.a.O., S. 122/23.

[102] Vgl. jetzt *Hermann Conrad*, Freiherr vom Stein als Staatsmann im Übergang vom Absolutismus zum Verfassungsstaat (Osteuropa und der Deutsche Osten. Reihe I, Buch 4), Köln-Braunsfeld 1958, S. 17ff.

[103] *C. G. Svarez*, Vorträge, S. 261ff.

Menschen jedermann zu (Einl. § 83), während die besonderen Rechte und Pflichten der Mitglieder des Staates" auf dem persönlichen Verhältnisse, „in welchem ein Jeder gegen den Andern und gegen den Staat selbst sich befindet", beruhen (Einl. § 84, auch I 1 §§ 6/9). Ähnlich erklärt auch das WGGB von 1797 die Rechtsverschiedenheit in Ansehung der erworbenen (bürgerlichen) Rechte, die als unvermeidlich, ja sogar notwendig angesehen wird. Diese Verschiedenheit zeige das Vorzügliche einer bürgerlichen Gesellschaft; denn durch ihren gemeinschaftlichen Willen und durch die vereinigten Kräfte werde der Schwache gegen den Starken geschützt und der Ohnmächtige gegen den Mächtigen verteidigt, auch würden dadurch alle übrigen sowohl angeborenen als erworbenen Rechte sichergestellt (I §§ 31/33)[104] [105].

Eine der bedeutendsten Neuerungen für den Bereich des Privatrechtes brachte die preußische und österreichische Gesetzgebung durch die Anerkennung des Menschen als *Rechtsperson,* mithin als Rechtssubjekt[106]. Damit wurde die ältere von der systematischen Jurisprudenz des 16. Jahrhunderts geschaffene und von der Pandektenlehre fortentwickelte Lehre von den status des Menschen, die seine Rechtsstellung bestimmten (ius oder causa personae) überwunden und schließlich an deren Stelle der Begriff der

[104] WGGB I, § 31. Diese Naturrechte bleiben unverändert auch im Kreise der bürgerlichen Gesellschaft, denn was nach diesen Rechten einem Menschen erlaubt ist, dies kann andern nicht verboten, und was einem Menschen verboten ist, kann andern nicht erlaubt sein. § 32. Anders verhält es sich in Ansehung der erworbenen Rechte: diese sind nach Verschiedenheit der Erwerbung verschieden. Aus diesem Grunde ist in Rücksicht auf Glücksgüter und andere zufällige Vorrechte ein gewisser Abstand unter den Menschen unvermeidlich, ja sogar notwendig. § 33. Aber aus eben dieser Verschiedenheit leuchtet das Vorzügliche einer bürgerlichen Gesellschaft hervor: durch ihren gemeinschaftlichen Willen, und durch ihre vereinigten Kräfte wird der Schwache gegen Stärkeren geschützt, und der Ohnmächtige gegen den Mächtigen verteidigt, auch werden dadurch alle übrigen sowohl angeborenen als erworbenen Rechte sichergestellt. — Dem entsprechen I, 2, §§ 4/6, Entwurf Martinis, *Harrasowski,* a.a.O., S. 17.

[105] Dies entsprach im wesentlichen der Auffassung Martinis (vgl. Staatsrecht, §§ 91/92). Irrig daher *O. Peterka,* a.a.O., S. 44, der in den Bestrebungen Josephs II. nach rechtlicher Gleichstellung seiner Untertanen die Auswirkungen einer entsprechenden Forderung der Naturrechtslehrer, insbesondere Martinis, sehen wollte. Martini hat eine solche Gleichstellung niemals gefordert. Vgl. auch *J. G. Schlosser,* Briefe über die Gesetzgebung usw., S. 131/32: „... daß alle Menschen gleiche Rechte und Pflichten gegeneinander haben, außer wo die Menschen selbst ungleich sind, und weil diese Ungleichheit bloß durch den gesetzmäßigen Stand eingeführt werden kann."

[106] *Harry Westermann,* Person und Persönlichkeit als Wert im Zivilrecht (Arbeitsgemeinschaft für Forschung des Landes Nordrhein-Westfalen. Geisteswissenschaften, Heft 47), Köln und Opladen 1957.

Rechtsperson gesetzt[107]. Unter dem Einfluß von *S. Pufendorf* und *Chr. Wolff* erkannte das ALR von 1794 zwar den Menschen als Rechtssubjekt an (I 1 § 1. Der Mensch wird, insofern er gewisse Rechte in der bürgerlichen Gesellschaft genießt, eine Person genannt), gliederte ihn aber in die ständische Ordnung mit verschiedenartigen Rechten und Pflichten ein (ALR Einl. §§ 82/4; I 1 §§ 6/7)[108]. Weitergehend hat das ABGB von 1811 den Menschen als Rechtssubjekt schlechthin anerkannt und damit die *Grundlage des modernen Begriffes der allgemeinen Rechtsfähigkeit* geschaffen. Unter dem Einfluß der Lehre *Kants* von der notwendigen gesetzlichen Freiheit und Gleichheit der Menschen betonte der Verfasser des ABGB von 1811, *F. A. von Zeiller*, daß jedes sinnvernünftige Wesen Selbstzweck sei und als Subjekt von Rechten und Pflichten betrachtet werden müsse[109]. Demgemäß bestimmte das ABGB von 1811 in § 16: „*Jeder Mensch hat angeborene, schon durch die Vernunft einleuchtende Rechte und ist daher als eine Person zu betrachten*“ (vgl. auch § 18)[110]. Die Privatrechtslehre und Gesetzgebung des

[107] *Helmut Coing*, Der Rechtsbegriff der menschlichen Person und die Theorien der Menschenrechte. Beiträge zur Rechtsforschung, hg. von *Ernst Wolff*, Sonderveröffentlichung der Zeitschrift für Ausländisches und Internationales Privatrecht, Berlin und Tübingen 1950, S. 191 ff.; *Hermann Conrad*, Individuum und Gemeinschaft in der Privatrechtsordnung des 18. und beginnenden 19. Jahrhunderts (Juristische Studiengesellschaft Karlsruhe. Schriftenreihe, Heft 18), Karlsruhe 1956.

[108] Hierzu *H. Conrad*, a.a.O., S. 13; Die geistigen Grundlagen des Allgemeinen Landrechts, S. 28.

[109] *F. von Zeiller*, Das natürliche Privatrecht, § 41: Jedes sinnlichvernünftige Wesen, weil es als Selbstzweck, als ein Subjekt von Rechten und Pflichten, betrachtet werden muß, ist eine Person. Ohne Zweifel müssen also alle Wesen, welche die für uns erkennbaren äußeren Zeichen der Menschheit, d. i. des möglichen Vernunftgebrauches haben, obschon ihnen, wie den Ungebornen, den Unmündigen, Blödsinnigen, Wahnsinnigen, der gegenwärtige Gebrauch der Vernunft mangelt, dennoch, weil sie zur Erreichung des vollständigen höchsten Gutes, der Sittlichkeit und Glückseligkeit, berufen sind, als Personen geachtet und Rechte bei ihnen anerkannt werden.“ Hierzu auch *H. Conrad*, Individuum und Gemeinschaft, S. 21 ff.

[110] Hierzu *F. v. Zeiller*, Vortrag vom 21. Dezember 1801, a.a.O., S. 42: „Gleichheit der Rechte in dem Sinne, daß jeder Bürger so viel als der andere, daß der Unfähige, der Träge, der Verdienstlose ebensoviel als der Fähige, der Emsige, der Mann von Verdiensten besitzen soll, sei eine unsinnige und höchst widerrechtliche Forderung. Allein, daß man in jedem Mitgliede der Gesellschaft die von dem Begriffe eines vernünftigen Wesens und von dem Begriffe eines Staatsbürgers unzertrennbaren Rechte respektiere, daß man jedem die rechtlichen Arten zu erwerben offen lasse, daß man die persönliche Sicherheit, die Ehre und die Eigentumsrechte der untersten Bürgerklassen ebenso heilig achte als jene der ersten, mächtigsten und angesehensten Stände – diese Gleichheit sei eine unerläßliche Grundbedingung des Staatsvereins, die man auch bei der Civilgesetzgebung nie aus den Augen verlieren dürfe, und die nach dem schon bestehenden nachahmungswürdigsten Systeme unserer Gesetzgebung so allgemein und in so vollem Maße

19. Jahrhunderts konnten auf dieser Grundlage den Rechtssatz, daß jeder Mensch kraft seiner sittlichen Personenwürde rechtsfähig ist, zum rechtsstaatlichen Prinzip erheben (Privatrechtliches Gesetzbuch für den Kanton Zürich von 1853/56 § 8; SächsBGB von 1863 § 30; ZGB von 1907 Art. 11, auch BGB § 1).

anerkannt werde, daß selbst die Rechtsstreitigkeiten über die Privatrechte der Landesfürsten nach dem nämlichen Grundsatze beurteilt werden müßten." *Zeiller* deutet demnach wohl WGGB I, § 1, 31/33, in einem nichtständischen Sinne, was auf Bedenken stößt. Vgl. oben, S. 43 und FN. 104/5. Nach seinem Natürlichen Privatrecht, § 40, gehören zu den Urrechten des Menschen das Recht der gesetzlichen Freiheit und das Recht der gesetzlichen Gleichheit. Über den Einfluß Kants auf diese Lehren *H. Conrad*, Individuum und Gemeinschaft, S. 22ff. Zu den Rechtsstreitigkeiten über Privatrechte des Landesfürsten siehe ABGB § 20.

Schlußbemerkung

C. G. Svarez hat in seinen Kronprinzenvorträgen darauf hingewiesen, daß gewisse Grundsätze des Verhältnisses des Staates zu seinen Untertanen „die Schutzwehr der bürgerlichen Freiheit eines preußischen Untertanen" seien und den Bürger des preußischen Staates von dem bloßen Sklaven eines orientalischen Despoten unterschieden. *Bürgerliche Freiheit* bedeutete so viel wie die „Freiheit der Einzelnen, ihre eigene Wohlfahrt nach besten Einsichten zu befördern". Mit Recht hat *Ulrich Scheuner* neuestens darauf hingewiesen, daß die bürgerliche Freiheit der deutschen Naturrechtlehre im Gegensatz zu den bürgerlichen Freiheiten in England und Frankreich nur einen beschränkten Lebensbereich des Bürgers betroffen habe, aber auf dem Boden des friderizianischen Preußen in der großen Gesetzgebung am Ende des 18. Jahrhunderts lebhaftere Farben erhalten konnte[111]. Diese bürgerliche Freiheit (libertas civilis) war grundlegend verschieden von der *politischen Freiheit*, auf Grund deren die Mitglieder der bürgerlichen Gesellschaft Anteil an der Gesetzgebung haben. *Svarez* hat in seinen Vorträgen die Verwirklichung der politischen Freiheit im preußischen Staat des ausgehenden 18. Jahrhunderts nicht gefordert. Die von *Ernst Ferdinand Klein* (1743–1810), einem Mitarbeiter am preußischen Gesetzeswerke, veröffentlichte Schrift „*Freiheit und Eigentum*", *abgehandelt in acht Gesprächen über die Beschlüsse der Französischen Nationalversammlung* (Berlin und Stettin 1790), läßt die Annahme zu, daß die preußischen Reformer die politische Freiheit im preußischen Staate als Fernziel anstreben[112]. Vielleicht

[111] *Ulrich Scheuner*, Hegel und die deutsche Staatslehre des 19. und 20. Jahrhunderts, in Studium Berolinense. Gedenkschrift der Westdeutschen Rektorenkonferenz und der Freien Universität Berlin zur 150. Wiederkehr des Gründungsjahres der Friedrich-Wilhelms-Universität zu Berlin, Berlin 1960, S. 131ff.

[112] Hierzu *H. Conrad*, Die geistigen Grundlagen des Allgemeinen Landrechts, S. 41ff. *E. F. Kleins* verfassungsrechtliches Ziel erhellt wohl auch aus einer Stelle seiner Kritik an den Briefen über die Gesetzgebung von *J. G. Schlosser*, in den Annalen der Gesetzgebung und Rechtsgelehrsamkeit in den Preußischen Staaten, 4. Band, 1796², S. 334: „Meines Erachtens ist der Grundsatz der möglichsten Freyheit die Hauptregel, nach welcher sowohl das, was Recht, als das, was Gut ist, beurteilt werden muß. Der Staat ist kein Marionettenspiel, in welchem man die Puppen nach der Willkür eines einzigen bewegen läßt. Ein Staat ist glücklich, wenn er aus Menschen besteht, welche ungehindert nach ihrer eigenen Überzeugung handeln, und der Zwang, der darin Statt findet, muß nur gebraucht werden, um diejenigen einzuschränken, welche gewaltthätige Eingriffe in die Freyheit anderer wagen. Je einsichtsvoller die Nation ist, desto weniger wird es nötig seyn, ihrer Freyheit Schranken zu setzen. Schärfere Zucht ist erforderlich, wenn das Volk sich noch im Stande der Kindheit befindet. So wenig ausgebildet aber auch die Nation seyn mag, so muß sie doch nach und nach gewöhnt werden, sich selbst zu beherrschen, wenn sie nicht ewig im Stande der Kindheit bleiben soll."

hat man in Österreich ähnliche Pläne gehabt, was im Hinblick auf die Verfassungsbestrebungen Leopolds als Großherzog von Toskana nahe lag.

Was immer auch die Reformer in Preußen und Österreich für die Zukunft geplant haben mögen, was sie für die staatliche Gemeinschaft ihrer Tage angestrebt und teils auch verwirklicht haben, ist verdienstvoll genug. Der Staat und das Verhältnis der Staatsgewalt zu den Bürgern wurden auf einer vorstaatlichen, naturrechtlichen Ordnung aufgebaut. Die Ausübung der Staatsgewalt wurde an vorstaatliche Zwecke und Normen gebunden, um staatliche Willkürhandlungen auszuschließen. Dem Bürger wurden angeborene oder gar unveräußerliche Menschenrechte zuerkannt. Dies bedeutete zugleich die Gewährleistung der bürgerlichen Freiheit. In der gesetzlichen Anerkennung dieser Grundsätze sah man die Aufrichtung eines *Grund-* oder *Fundamentalgesetzes*, dem die übrige Gesetzgebung als zufällige oder Zeitgesetzgebung gegenübergestellt wurde. Auch die privatrechtliche Gesetzgebung wurde in dieses System eingegliedert.

Schon in der zeitgenössischen Kritik sind Bedenken hervorgetreten, ob sich das rechtsstaatliche Programm der Reformer im Rahmen der absoluten Monarchie verwirklichen lasse[113]. Diese Bedenken waren keineswegs unbegründet, wie auch die Entwicklung selbst gezeigt hat. Doch wäre es verfehlt, über eine berechtigte Kritik die große Leistung der Reformer zu verkleinern, die mit dem Versuch, rechtsstaatliche Gedanken in der absoluten Monarchie des ausgehenden 18. Jahrhunderts zu verwirklichen, ein neues Kapitel der deutschen Verfassungsgeschichte aufgeschlagen haben.

[113] Dies war wohl die Meinung von *J. G. Schlosser*, der in seinem Fünften Brief über den Entwurf eines Preußischen Gesetzbuchs usw., S. 126, in der Auseinandersetzung mit *E. F. Klein* ausführt: „In dem Staat aber, der einer guten Gesetzgebung fähig seyn soll, verlangte ich, daß dieser Kanal durch die Konstitution befestigt sei, und daß seine Abänderung nicht von der Willkühr des Souveräns und seines Ministeriums abhienge." Die von *U. J. Heuer*, Allgemeines Landrecht und Klassenkampf, S. 259ff., als bedeutsame kritische Stimme gegenüber dem ALR aufgeführte Schrift „Beyträge zum republikanischen Gesetzbuche enthalten in Anmerkungen zum allgemeinen Landrechte und zur allgemeinen Gerichtsordnung für die preußischen Staaten", Königsberg 1800, anonym erschienen, *Ernst Gottlob Morgenbesser*, einem hohen Königsberger Richter zugeschrieben, ist unklar und verworren und kaum als ernsthafte Auseinandersetzung mit dem ALR zu werten.

Summary

From the middle of the 18th century the Enlightenment played a significant role in certain German countries, chiefly in Prussia and Austria. In Prussia Frederick the Great (1740–1786) was considerably influenced by the Enlightenment. In Austria this influence was already noticeable during the reign of Maria Theresia (1740–1780) and reached its maximum extent under Joseph II (1780–1790).

The existing absolutist constitution was not changed by the Enlightenment, but the governmental powers of the absolute ruler, who was bound to given state aims, were limited. The theoretical basis was provided by the natural right doctrine of state contract, in accordance with which the state came into existence and power was transferred from the citizens to the ruler. The aim of founding the state was the welfare of the community, in particular the maintenance of law and peace, which in man's natural state were constantly in danger. The natural rights of the individual were not abolished by the foundation of the state, but they were limited where necessary.

The state idea found its legal expression in the *Allgemeines Gesetzbuch für die Preußischen Staaten* (General Statute-Book For the Prussian States) of 1791, whose author *Carl Gottlieb Svarez* (1746–1798) based his ideas on the Enlightenment doctrine of natural right. The political principles embodied in the Austrian *Westgalizisches Bürgerliches Gesetzbuch* of 1797 have the same basis. The author of this statute-book was the Viennese *Karl Anton Frhr. von Martini* (1726–1800). Neither law lasted. The Prussian Allgemeines Gesetzbuch was suspended before coming into force. Although the *Allgemeine Landrecht für die Preußischen Staaten* (1794) no longer contains the original legal ideas of the 1791 statute-book, it still displays the legal foundation of enlightened absolutism (2nd part, chap. 13, para. 1/4). The political principles of the Westgalizisches Gesetzbuch of 1797 were erased in the course of its remodelling into the *Allgemeines Bürgerliches Gesetzbuch für die gesamten deutschen Erbländer der Österreichischen Monarchie* (1811)

(General Statute-Book for all german Hereditary Lands of the Austrian Monarchy), by its author, *Franz von Zeiller* (1751–1828). Yet this statute-book reveals a new foundation of civil law through the Enlightenment and its teaching of natural right.

Résumé

Depuis le milieu du XVIIIe siècle la pratique gouvernementale dans plusieurs États allemands porte la marque de la pensée éclairée. C'est le cas avant tout de la Prusse et de l'Autriche. Pour ce qui est de la Prusse, l'influence des lumières sur Frédéric II, le Grand (1740–1786) est bien connue. En Autriche cette même influence commence à jouer sous le règne de Marie Thérèse (1740–1780), pour arriver cependant à son plus haut degré d'efficacité sous celui de Joseph II (1780–1790).

Les lumières n'eurent aucunement pour effet une transformation de fond en comble de la constitution existante des États absolutistes. Cependant elles entraînèrent une limitation du pouvoir du monarque absolu. Celui-ci devait subordonner désormais son action à des fins politiques préexistantes. Le fondement théorique de cette nouvelle politique a été fourni par la doctrine, de droit naturel, du contrat social, contrat dont est né l'état et par lequel les citoyens ont délégué le pouvoir au souverain. La fondation de l'État a comme fin le salut public et en particulier elle doit assurer la paix et le droit, tous deux mal garantis aussi longtemps que les hommes vivent dans l'état naturel. La fondation de l'État n'a cependant pas aboli les droits naturels de l'homme. Tout au plus ceux-ci s'en sont trouvés limités.

On trouve le reflet, en termes de loi, de cette nouvelle conception de l'État dans le *Allgemeines Gesetzbuch für die Preußischen Staaten von 1791* (Code général pour les États prussiens) dont l'auteur *Carl Gottlieb Svarez* (1746–1798) se fondait entièrement sur la doctrine de droit naturel de l'époque des lumières. En Autriche les principes politiques du *Westgalizisches Bürgerliches Gesetzbuch von 1797* (Code civil pour la Galicie occidentale) reposaient sur les mêmes fondements. L'auteur de ce code était *Karl Anton Freiherr von Martini* (1726–1800), professour de droit naturel à Vienne. Mais ni l'un ni l'autre de ces deux codes ne subsista longtemps. Le code prussien fut suspendu avant même d'être mis en vigueur. Dans le *Allgemeines Landrecht für die Preußischen Staaten von 1794* (Code général de droit États prussiens) on ne trouve plus la conception d'ensemble première, d'un état fondé sur des lois, conception qui avait fait l'originalité du code de 1791. Toutefois le fondement juridique de l'absolutisme éclairé y est répété (2. Teil, 13. Titel §§ 1/4). Lors de la révision du « *Code civil pour la Galicie occidentale* », auquel succède le *Allgemeines Bürgerliches Gesetzbuch für die gesamten deutschen Erbländer der Österreichischen Monarchie von 1811* (Code civil général pour les états héréditaires allemands de la monarchie autrichienne), le rédacteur de ce nouvel ouvrage, *Franz von Zeiller* (1751–1828) ne reprit point l'exposé des principes politiques qui figurait dans le texte de 1797. Néanmoins le droit privé se trouve fondé, dans ce même code de 1811, sur des concepts éclairés et la doctrine du droit naturel correspondante.

Diskussion

Professor Dr. jur. Ulrich Scheuner

Der Wert des schönen Vortrages, den wir hörten, liegt vor allem in einer neuen Beleuchtung der Endphase der absoluten Monarchie des 18. Jahrhunderts, die in unserer bisherigen Betrachtung noch nicht richtig eingeordnet ist.

Die Spätperiode der absoluten Monarchie, die gerne unter dem Namen der aufgeklärten Monarchie zusammengefaßt wird – auf Namen kommt es hier nicht an –, stellt einen Entwicklungszustand dieser Staatsform und überhaupt des europäischen Staates dar, der sich scharf von dem der hohen Epoche der absoluten Monarchie abhebt, wie sie etwa bis zur Mitte des 18. Jahrhunderts reicht.

Die absolute Monarchie, die in der Mitte des 17. Jahrhunderts in der französischen Staatsbildung ihr Vorbild fand und den Typ eines zentralisierten, einheitlich geleiteten, aber doch noch immer mit den Partikulargewalten ringenden Staates zeigte, gehört einer älteren Stufe der Entwicklung an. Sie ist noch eine Stufe, in der die besonderen Rechte einzelner Landschaften und Gruppen, die ständische Mitwirkung, die überkommenen ständischen Überlieferungen ihre Rolle spielten. In Frankreich hat sogar nach dem Tode Ludwigs XIV. die politische Macht der Parlamente im 18. Jahrhundert eine neue Belebung erfahren und trotz aller Versuche der königlichen Minister, mit den Parlamenten fertig zu werden, haben die Parlamente bis zur Revolution eine Art ständischer Opposition gebildet.

Eigentlich nur in Deutschland und vielleicht in einigen romanischen Monarchien, etwa in Spanien, Neapel oder Toscana unter Leopold II., ist die spätere Stufe erreicht worden. Bezeichnend für sie ist eine Begründung des Staates auf das neue naturrechtliche Vorstellungsbild, die Ausmerzung der älteren religiös und paternalistisch bedingten Staatstheorie.

Vergessen wir nicht, daß der Staatstheoretiker Ludwigs XIV., Bischof Bossuet, noch auf einen älteren Vorstellungskreis gefußt hat. Daß die Überführung der Monarchie in den Gedankenkreis der naturrechtlich vom Individuum her aufbauenden Staatslehre erst in der Mitte des 18. Jahrhunderts möglich wird, hängt auch damit zusammen, daß erst um diese Zeit sich diese Theorie wirklich in Europa durchgesetzt hat. Zwar liegen ihre Anfänge im 17. Jahrhundert. Der eigentlich entscheidende Denker ist hier ein Mann, den wir politisch viel eher auf der Seite der Absolutisten zu suchen haben, Thomas Hobbes. Die Konstruktion des Staates aus einem Vertrag der einzelnen, führt bei Hobbes noch zur völligen Aufgabe des einzelnen an den Herrscher, schafft aber doch in der Grundkonstruktion ein völlig anderes Staatsbild als es die ältere Staatsidee am Ende des 16. Jahrhunderts besaß, die den Staat von der Familie und der göttlichen Einsetzung der politischen Institution und der Herrschaft her aufbaut. Dieses Staatsbild ist in Deutschland vor allem durch Pufendorf eingeführt worden. Für die angelsächsische Welt ist dieses Staatsbild gültige Form geworden in den Schriften von Locke, dessen Einfluß so tief gewesen ist, daß seine Auffassungen eigentlich als die wahre Grundlage der neuen angelsächsischen politischen Theorie angesehen werden können.

Die deutsche Theorie steht dabei gegenüber der westlichen – und das hat Herr Conrad mit Recht hervorgehoben – in einer gewissen Sonderstellung, vielleicht auch in einer gewissen zeitlichen und gedanklichen Verzögerung. In Deutschland sind die entscheidenden Grundlagen der eigenen naturrechtlichen Theorie am Anfang des 18. Jahrhunderts ausgearbeitet worden. Vor allem ist es der sächsische Raum, der hier wohl entscheidend ist; auf der Grundlage Pufendorfs ist es Thomasius, ist es dann Wolf, der allerdings aus dem sächsischen Raum in den Raum von Marburg durch Friedrich I. verdrängt wurde, und sind es die kleineren Autoren, etwa Heineccius, die diese Grundlage gelegt haben. Das scheint mir das Neue und Wichtige auch an der Erkenntnis des Vortrages von Herrn Conrad zu sein, das nicht nur für den Staat, sondern auch für die Grundlegung des bürgerlichen Rechts gilt.

Diese Lehre ging von dem Vertragsgedanken aus, der auf der einen Seite im absolutistischen Sinne gedeutet werden konnte. Er konnte etwa zur völligen Aufgabe der vor dem Staatsvertrag bestehenden Freiheit führen. Er konnte umgekehrt im Sinne einer Rückbehaltung gewisser Freiheiten gedeutet werden, und das ist etwa der Gedanke, wie er bei

Locke anklingt und wie er in der späteren Theorie des 18. Jahrhunderts enthalten ist. Die deutschen Autoren haben begrifflich scharf zwischen der natürlichen Freiheit und der bürgerlichen Freiheit unterschieden – bürgerlich im Sinne der politischen Gemeinschaft. Die natürliche Freiheit, die Freiheit des Menschen vor dem Eintritt in die Staatsgesellschaft ist eine unbeschränkte, freilich eine Freiheit, die zugleich dem Kampf aller gegen alle ausgesetzt ist und daher für den Menschen auch gefährlich sein kann. Mit dem Eintritt in die bürgerliche Gesellschaft aber ist diese Freiheit durch Staatsgesetz und Staatsgewalt beschränkt. Nach der deutschen Theorie des 18. Jahrhunderts – ich nehme jetzt die Theorie vor dem Ende des 18. Jahrhunderts, vor der Zeit, die Herr Conrad gestreift hat – bleibt zwar im Staate eine Freiheit, die durch die Staatsgewalt und die Staatsgesetze beschränkt ist; sie ist aber nur ein Residuum, das unter Umständen sehr gering ist. Der Gedanke einer natürlichen Freiheit, die sich in dem Staat fortsetzt, ist in der deutschen Lehre des 18. Jahrhunderts wohl um etwa 1780–1790 nicht zu finden. Hier liegt ein wichtiges Forschungsproblem – Herr Conrad hat darauf hingewiesen –, das vielleicht noch einmal der Untersuchung bedarf. Inwieweit gewinnt diese natürliche Freiheit des Menschen am Ausgang unserer Periode, in den 70er und 80er Jahren in Deutschland eine schärfere Akzentuierung, noch ehe sie durch die Französische Revolution von außen her die deutsche Auffassung bewahrt. Denn alle Ereignisse, die nach 1789 eintreten, sind nicht mehr von der gleichen Beweiskraft wie die davor liegenden. Das große Ereignis der Französischen Revolution ist an niemandem in Europa spurlos vorbeigegangen.

Es ist nicht uninteressant, in diesem Zusammenhang zu erwähnen – ich darf hier die Arbeit eines Schülers und Doktoranden von mir, Herrn Rüfners, verwerten –, daß in der Rechtsprechung der Justizkommission, die in Preußen in der Mitte des Jahrhunderts zur Entscheidung der Kompetenzkonflikte zwischen den Gerichten und der Judikaturgewalt der preußischen Domänen- und Militärverwaltungen eingesetzt wurde, die natürliche Freiheit bereits seit Ende der 50er und 60er Jahre gelegentlich sogar als Rechtsargument auftritt.

Es bleibt zu fragen, ob zugegeben werden kann, daß Ansätze zu einer schärferen Betonung der natürlichen Freiheit sich in Deutschland vor 1789 finden. Richtig ist allerdings, daß in Deutschland die Ausbildung des Gedankens der natürlichen Menschenrechte im Sinne einer klaren Entgegensetzung gegen die Staatsgewalt vor 1789 nicht vollzogen worden ist.

Eine Theorie, wie sie in Frankreich etwa von Rousseau entwickelt worden ist, ist in Deutschland nicht zu finden.

Damit hängt ein Zweites zusammen. Herr Conrad hat darauf hingewiesen, daß ein Grundgedanke der Reform der aufgeklärten Monarchie in Deutschland in der rechtlichen Bindung der Herrscherstellung und des Staates gelegen habe. Hier würde ich glauben, daß es sich nicht sosehr um eine neue Linie als um eine neue Akzentuierung einer sehr alten, auf sehr ehrwürdige Vergangenheit zurückzuführende Linie handelt. Schon das Mittelalter hat den Herrschern immer wieder vorgehalten, daß sie an das Gemeinwohl gebunden und nach festen Regeln zu regieren hatten. In dem „Dialogus de potestate imperiali et papali" des Wilhelm von Ockham (Teil III, Buch 2, Kap. 6) finden wir den Satz, daß nur der Staat ein „principatus temporatus et rectus" ist, in dem eine solche Bindung an das bonum commune vorliegt. Wo das nicht der Fall ist, liegt ein „principatus vitiatus et tyrannicus" vor. Hier ist also eine alte Tradition, die vielleicht im hohen Absolutismus gelegentlich abgeschwächt, aber nie grundsätzlich geleugnet wurde. Auch der Staat Ludwigs XIV. hat sich gegen diese Bindung des Herrschers an das Gemeinwohl niemals gewehrt. Er hat allerdings niemandem eine Kontrolle darüber eingeräumt, ob der Herrscher sich auch daran gehalten hat.

Der neue Akzent dieser Bindung, der im 18. Jahrhundert auftritt, liegt in einer gefühlsmäßigen und allgemeinen Richtung: in dem nachdrücklichen Appell an den Herrscher, diesen Impuls aufzunehmen und ihn wirklich zu erfüllen, wobei wir freilich auch eines beachten müssen: Es geht hier noch nicht um eine Beschränkung der Staatsgewalt. Der deutsche Spätabsolutismus hat noch nicht daran gedacht, etwa im späteren liberalen Sinn, von einer Beschränkung des Staatszwecks auszugehen: Der Staatszweck wird vielmehr noch gleichgesetzt mit der Verfolgung der Glückseligkeit. Unter der Glückseligkeit, der felicitas oder beatitudo, ist ursprünglich die Erfüllung des geistlichen Wohls des Menschen verstanden worden (Augustinus. De civitate Dei XII. 6 und XIX. 27). In der schönen Rede, die der Wiener Professor Nikolaus von Dinkelsbühl auf dem Konstanzer Konzil vor Kaiser Sigismund gehalten hat, hat er z. B. den Kaiser darauf angesprochen, daß in seiner Hand als dem Steuermann des Schiffes der Welt, die Pflicht läge, bei seinen Untertanen nicht nur an die beatitudo celestis zu denken, also sie geistlich auf den rechten Weg zu leiten, sondern ihnen auch die irdische beatitudo zu bereiten. Übriggeblieben ist im 18. Jahrhundert von diesen Ideen nur noch eine irdische Glückseligkeit;

die himmlische wird bereits allein der Kirche überantwortet und von der irdischen geschieden. Nicht uninteressant ist, in diesem Zusammenhang darauf hinzuweisen, daß einer der Grundbegriffe der amerikanischen Unabhängigkeitsproklamation, die Wendung vom „pursuit of happiness", genau dieselbe säkularisierte Idee enthält. Happiness ist nichts anderes als die deutsche Glückseligkeit. Diese Umschreibung des Staatszwecks ist also eine alte Form, die aber nun den neuen Sinn einer sittlichen Verpflichtung des Herrschers gewinnt, sich wirklich für das Wohl seiner Untertanen einzusetzen und gebunden zu halten.

Der Gedanke an eine Beschränkung der Staatstätigkeit, wie sie etwa Wilhelm von Humboldt in seinem berühmten „Versuch über die Bestimmung der Grenzen des Staates" geäußert hat, ist der allgemeinen Lehre des 18. Jahrhunderts noch fremd.

Ich habe diese Linie einmal ausgezogen, um zu zeigen, wo die Ansatzpunkte dieser Entwicklung liegen, die uns Herr Conrad vor Augen geführt hat. Sie machen deutlich, inwiefern der preußische und der österreichische Staat über die Ansätze des 18. Jahrhunderts hinausgegangen sind. Während der französische Staat zwar Reformversuche unternommen hat, aber mit ihnen infolge der Schwäche seiner beiden letzten Herrscher steckenblieb, ist in Preußen und Österreich dieses Programm nicht ein theoretisches geblieben; es ist praktisch in die Gesetzgebung überführt worden. Darin liegt das Entscheidende, daß hier der Staat wirklich die Kraft besaß, aus einem literarisch-geistigen Programm zu einer wirklichen gesetzgeberischen Tat zu schreiten. Er hat dabei bestimmte Linien eingehalten, die Herr Conrad uns sehr deutlich vor Augen geführt hat. Diese Gesetzgebung hat einmal die bürgerliche Freiheit in dem Gedanken betont, nunmehr auch ein gewisses natürliches Recht des Menschen auf Selbstentfaltung, auf bürgerliche Gleichheit und bürgerliches Leben und Freiheit zu verwirklichen. Dieser Gedanke der Entfaltung des Menschen kann ebenfalls in die Vergangenheit zurückgeführt werden. Er findet sich in der eigentümlichen Vertauschung, die wir in der deutschen Geistesgeschichte hier anwenden müssen, freilich nicht als Gedanke des Rechts, sondern als Gedanke der Pflicht. In der älteren, auch wohl schon mittelalterlichen, aber auch nachmittelalterlichen Theologie finden wir die Anschauung, daß der Mensch als Ebenbild Gottes verpflichtet ist, aus sich als diesem Bilde Gottes das Höchste zu machen. Das ist bei Pufendorf oder Thomasius sehr schön dargelegt. Interessant, daß die spätere Vertauschung von der Pflicht des Menschen erga seipsum zum Recht auch gewisse Akzentverschiebungen enthält, deren volle Tiefe wir vielleicht erst in der Verflachung etwa unseres heutigen Art. 2 GG empfinden können.

Die Frage der Machtsprüche hat Herr Conrad mit Recht stärker in den Mittelpunkt gerückt. Wir dürfen hier freilich nicht verkennen, daß sie auf dem besonderen Boden der Bindung an das Reichsrecht zu sehen ist. Wenn Herr Conrad mit Recht die Wahlkapitulation Leopolds II. anführt, so standen auch die deutschen Territorialstaaten bis 1806 noch unter dem Recht des Reiches. Das war die letzte große Bindung, die sie hatten, die Bindung an die Reichsjustiz, die derartige ungerechten Machtsprüche als Verletzung der erworbenen Rechte hätte prüfen können. Es hat zwar in Preußen niemand mehr einen solchen Appell gewagt, aber die Möglichkeit eines Anrufs war wenigstens theoretisch gegeben.

Herr Conrad hat sehr richtig darauf hingewiesen, daß für die Zeit des ausgehenden 18. Jahrhunderts die Grundgedanken im Verfassungsrecht und im Privatrecht völlig konform gehen. Das hat neuerdings – nicht in dieser substantiierten Form, aber ich glaube, in einem richtigen Ansatz – der Münchener Privatdozent Leissner in seinem Buch über die Wirkung der Grundrechte auf das Privatrecht hervorgehoben. Es liegt hier eine Gesamtkonzeption vor, die bürgerliches und Verfassungsrecht zugleich erfaßt.

In der weiteren Ausgestaltung der naturrechtlichen Konzeption zeigt sich aber sehr bald das Bestreben, die bestehenden Zustände nicht durch eine volle Angleichung an die Idee der Französischen Revolution umzuformen. Das Zögern sowohl der preußischen wie der österreichischen Gesetzgebung – und hierin liegt wahrscheinlich der Vorwurf des Feudalismus und des Klassenkampfes, der in vergröberter Form uns aus dem östlichen Teil unseres Landes entgegenschallt –, dieses Zögern bedeutet das Festhalten an einem überlieferten ständisch gegliederten Gemeinwesen. Das Allgemeine Landrecht hat ebensowenig wie die Josephinische Gesetzgebung den Versuch der vollen Verwirklichung der bürgerlichen Freiheiten unternommen, wie sie die Französische Revolution mit einem Schlage verwirklicht hat. Daß das Oesterreichische Gesetzbuch von 1811 dann die allgemeine Gleichheit des Menschen an die Spitze setzen kann, möchte ich daher nicht nur Immanuel Kant zuschreiben, sondern auch in erster Linie der Erklärung der Menschenrechte, die in der dazwischenliegenden Spanne so elementar diesen Grundsatz in Europa verwirklicht hatte, daß er nicht mehr überhört werden konnte.

Die Einwirkung der Kantischen Philosophie auf diesen Zeitraum bedarf überhaupt wohl eines neuen Studiums. Man hat Kant manches von denjenigen freiheitlichen Ideen zugeschrieben, die, wie gerade der Vortrag von Herrn Professor Conrad zeigt, dem späten Naturrecht, also eigentlich eher seinem Gegner, zufällt.

Ich darf zum Schluß kommen, möchte aber nur noch auf einen Punkt aufmerksam machen.

Der von Herrn Conrad mit Recht stark in den Vordergrund gestellte Freiherr von Martini hat in einer entscheidenden Phase der Auseinandersetzung in dieser Frage seinen Grundsatz und seine Ablehnung des Machtspruches in sehr wirkungsvoller Weise durchgeführt. Das Buch von Wangermann, das vor zwei Jahren in England veröffentlicht worden ist, befaßt sich mit den Verfahren, die im Jahre 1794 in Wien gegen einen Kreis von Bürgern begonnen wurden, die sich den jakobinischen Gedanken, wie man sie nannte, hingegeben hatten. Die hochnotpeinliche Untersuchung gegen diesen an sich recht unbedeutenden Kreis – ihm gehörte keine führende Person an – wurde vom Kaiser einer besonderen Hofkommission übertragen. Dagegen wandte sich Martini in einer Eingabe an den Kaiser, in der er darauf hinwies, daß es das Recht erfordere, diese Angelegenheit den ordentlichen Gerichten zu übergeben; dort gehen die Verfahren hin. Der Kaiser entsprach dieser Bitte und übertrug den Prozeß an das ordentliche Kriminalgericht in Wien. Auch das war ein sehr bedeutsamer Vorgang, der zeigt, wie die Gedanken des Kampfes gegen den Machtspruch nicht nur Theorie blieben, sondern auch wirksam in die Wirklichkeit umgesetzt werden konnten.

Die Französische Revolution hat die atomisierte Individualgesellschaft des 19. Jahrhunderts geschaffen, die im Grunde auch das geheime Ziel des deutschen Spätabsolutismus, der deutschen spätabsoluten Phase ist. Die volle Verwirklichung dieser Phase des Absolutismus wirkt sich aber erst nach 1800, und dann teilweise unter dem Einfluß der napoleonischen Administration aus. Sie führt zu einer Stärkung des Staates. So kommt im frühen 19. Jahrhundert in Deutschland die These auf: Wo die Majestätsrechte im Spiele sind, können die Gerichte nicht urteilen. Das führt zu einem Abbau der älteren weiteren Zuständigkeit der Gerichte zugunsten einer sog. „Administrativjustiz" innerhalb der Verwaltung. Ein Beispiel der Entwicklung: Im Allgemeinen Landrecht, in dem berühmten § 75 Ecul ALR, war es mindestens fraglich, ob nicht auch gegenüber Gesetzen auch eine Entschädigung des Staates in Frage käme. Viel später erst hat der König dann durch ein Gutachten seines Justizministeriums feststellen lassen, daß das nicht in Frage käme und in der berühmten Kabinettsorder von 1831 den § 75 Einl. ALR eingeschränkt. Das ist nur ein Stück auf dieser rückläufigen Bewegung.

Herr Conrad hat z. B. die Frage erhoben, wo denn eigentlich jene schärfere Abgrenzung des Privatrechts in Preußen sei, die sich in Österreich bei Zeiller abzeichnet. Ich möchte sie für Preußen im Publicandum von 1808 und entscheidend im preußischen Gesetz über die Polizeiverwaltung von 1842 finden. In diesen Gesetzen vollzieht sich eine neue engere Definition des Begriffs des Privatrechts. Das ältere Privatrecht – das Jus privatum – ist nämlich nicht unser Privatrecht, sondern ist jedes wohlerworbene Recht des einzelnen, gleich ob es auf privatem oder öffentlichem Recht beruht. Dieses Recht war immer vor den Gerichten geschützt, unabhängig davon, ob der Rechtsstreit privatrechtlicher oder öffentlich-rechtlicher Art war. Erst das 19. Jahrhundert hat durch die Einengung des Begriffs Privatrecht auf das bürgerliche Recht, auf die Rechte der einzelnen Bürger untereinander, den Begriff des Privatrechts in unserem heutigen Sinne geprägt. Damit aber auch den Rechtskreis der ordentlichen Gerichte und den Rechtsschutz verengt; denn nun trat unter dem Einfluß dieser rückläufigen Strömung der Staat auf den Plan und verwies auf eine innerhalb der Verwaltung aufgebaute Kontrolle, die sogenannte Administrativjustiz, gegen die sich dann die Frankfurter Nationalversammlung ausgesprochen hat.

Protonotar Professor D. Dr. Georg Schreiber

Der Vortragende hat eine Fülle von Anregungen für die kommende Forschung mitgeteilt. Wir haben eben bei Herrn Professor *Scheuner* bereits erfahren, daß diese Rede den Wunsch zurückläßt, manche Gebiete stärker in die Hand zu nehmen und eine ganze Reihe von Fragestellungen darüber hinaus noch zu verarbeiten. So wies Professor Scheuner auf die bedeutende Reaktion hin, die die Französische Revolution ausgelöst hat, für die verschiedensten Bereiche, auch für die politische Theorie. Das weist unter anderem in die Richtung, den Persönlichkeitsbegriff jener Zeitalter schärfer herauszuarbeiten. Hermann *Schell*, der große Würzburger Religionswissenschaftler († 1906), hat die Persönlichkeit geistvoll als den Vollbesitz geistiger Kräfte angesprochen. Eine wichtige Ablehnung des Kollektivismus.

Als ein zweites Postulat wären die Prämissen des 18. Jahrhunderts zu berühren; also was ging voraus? Wir sind mitten hineingeführt in die Versuche, zu gesetzgeberischen Aktionen zu gelangen. Professor *Scheuner* hat an mehr als einer Stelle ganz gewichtig auch das *Mittelalter* als Vorbereitung in Erscheinung treten lassen. Zum zweiten traten die starken Unterschiede zwischen österreichischer und preußischer Rechtsauffassung bei dem Herrn Vortragenden markant heraus. Es ist ein besonderes Verdienst, solche Gegenüberstellung vollzogen zu haben. Auf beiden Seiten, in Wien und Berlin, hat man zweifellos eine Annäherung vollzogen. Doch sind die Prämissen in Österreich wesentlich anders. Wir werden zurückgreifen müssen auf spanische Philosophie, zurückgreifen müssen auf die iberische Naturrechtslehre. Wir vernahmen die Auffassungen von *Samuel Pufendorf*, von *Christian Thomasius* u. a. Die iberische Naturrechtslehre gibt sich weltwirklicher. Man erinnere sich nur an die Auswirkungen im mittel- und südamerikanischen Raum, Herr Professor *Höffner* hat dieserhalb wertvolle Forschungen angestellt. Dort hat das Naturrecht eine Übersetzung in die konkrete Wirklichkeit gefunden, was etwa die Haltung von *Las Casas* († 1551) zu den Indianern betraf. Dieser Missionar in Peru und Mexiko ist siebenmal wegen der Indianer nach Spanien gereist. Doch ist er den Negersklaven nicht gerecht geworden, eine tragische Verkennung.

Es fiel ein Wort über Bayern. Auch hier werden solche Gedankengänge, die auf Vorbereitung für das 18. Säkulum weisen, sich irgendwie äußern müssen. Was Bayern betrifft, hätte man gern die Linie von dem Geschichtsschreiber Johannes *Aventin* († 1534) zu den Theoretikern des 18. Jahrhunderts gesehen. Man fragt sich immer wieder: ist das was früher war, so einfach abgegolten, oder arbeitet es in *Ingolstadt* und *Dillingen*, befruchtet von der iberischen Peninsula, eigentlich weiter? Auch die Terminologie weist doch in die Richtung, hier stärker frühere Einflüsse mit hineinzunehmen. Wir haben doch den Status naturae purae nicht nur als etwas Begriffliches, als bloße Etikette. Dieser Status naturae purae ist, wie man weiß, dem Status naturae lapsae entgegengesetzt. Unschuld und Sündenbewußtsein, Recht und Unrecht begegnen sich. An diesem Gegensatz entzünden sich sehr starke und bedeutende Entwicklungen. Mit gutem Grund hat der Herr Vortragende an einer Stelle bereits das *Widerstandsrecht* erwähnt, das den Untertanen eingeräumt wird. Man mag dabei der Forschungen von Fritz *Kern* gedenken.

Was den Gegensatz in den österreichischen und preußischen Bestrebungen hinsichtlich der Rechtsstaatlichkeit betrifft, so ist nicht bloß der religiösen

Herkunftslinie von *Joseph II.* zu gedenken. Auf seinen Schultern liegen noch andere und ältere Verpflichtungen, die sein Kaiserstaat in einer ganzen geistigen Entwicklung mit sich führte.

Man mag auch die Sozialpolitik erwähnen, die *Maria Theresia* und Joseph II. bezeigten. Letztlich ist das in einem Spezialfall anschaulich zu erweisen. Man schuf staatlicherseits die *Bruderladeordnung*. Man kümmerte sich also um die Arbeitsuntauglichkeit und die Krankenbetreuung, um die Unterstützung der Witwen und Waisen. Im tirolischem *Schwaz*, in einem Hochgebiet der Montanen, war es schon zuvor zur Gründung eines Knappschaftsspitals gekommen. Man konnte sich dabei auf die Liturgie stützen, die sich mit der Messe (missa cotidiana), mit dem Opfergang, mit der Armenspende einfand.

Die *Vertragstheorie* hat auch Anspruch auf eine eingehende historische Wertung. Man mag daran denken, daß sie sich bei der Eheschließung einfindet. Sie berührt die Gültigkeit der Ehe.

Ein weiteres Wort. Wir kommen mit *Thomasius* und *Pufendorf* als Quellenschriftsteller gar nicht aus. Wir benötigen Untersuchungen von Vertretern der evangelischen Theologie, die das barocke Kirchenrecht der protestantischen Kreise eingehend entwickeln. Was darin noch an mittelalterlicher Theologie steckt, ist viel.

Sie haben den Ausdruck *Willkür* erwähnt – da sind wir ja einer Meinung –; die mittelalterliche Willkür ist, wenn man will, eine Handfeste, das gesetzte oder vereinbarte Recht, nichts mehr und nicht anders. Aber es war gut, daß Sie auf diesen Punkt hingewiesen haben.

Nun haben wir von verschiedenen Kreisen Untersuchungen über die *Libertas* vom Hochmittelalter bekommen. Aber der Libertasbegriff – sagen wir einmal – in nachreformatorischen Zeiten, im Barock, auch in seiner Anwendung im künstlerischen Wollen eines *Michelangelo* und *Raffael*, gehört doch auch in diese ganzen Zusammenhänge hinein. Man lasse einmal über den Libertasbegriff dieser Zeitalter vom 16. und 18. Jahrhundert arbeiten. Da fehlt uns etwas, auch nach der anthropologischen Seite hin. Es ist eigenartig, daß wir über die beherrschenden Freiheitsideen des 11. und 12. Säkulum für die gregorianisch-cluniazensische Epoche fast besser unterrichtet sind.

Es ist nicht zu leugnen, daß in den berührten Zusammenhängen der Fortschritt geradezu in *Österreich* beachtlich stark entwickelt war. Sie haben auch die Abschaffung des *Adels* erwähnt, an die Joseph II. dachte. Das war geradezu ein Vorgriff auf die dortige und radikale Abschaffung nach dem ersten Weltkrieg.

An dieser Stelle empfinden wir aber so recht das Irreale, wenn dem Herzog von Beaufort, dem Fürsten Lobkowicz oder dem Fürsten Auersperg und wie sie alle heißen, auch den siegreichen Feldherren der österreichischen Kriegsgeschichte zugemutet werden soll, auf den Adel zu verzichten. Man empfindet an dieser Stelle das Lebensunwirkliche mancher josephinischen Ideen, übersteigerter Rationalismus der josephinischen Zeit.

Nun möchte ich abbrechen, da noch viele Wortmeldungen vorliegen. Ich wollte andeuten, daß es ein wahrhaft bedeutender Vortrag war, weitausholend und sehr anregend für uns, gleichzeitig aber auch eine Besinnung darauf, was an positiven Vorzeichen, an langen Vorbereitungen, vor allem nach der Seite der Idee und der historischen Verwurzelung des 18. Jahrhunderts noch herausgearbeitet werden kann.

Professor Dr. phil. Adam Wandruszka

Darf ich zu dem, was eben unter dem Stichwort Otto Hintze genannt wurde, kurz etwas sagen!

Ich fand es besonders erfreulich, daß die schon von Hintze herausgearbeitete und sich auf zahlreichen Gebieten immer wieder beweisende Parallelität zwischen Preußen und Österreich hier wieder an sehr vielen Punkten und im ganzen Vortrag hervorgehoben worden ist; das ist etwas, was man im allgemeinen in der landläufigen Vorstellung und über den Auseinandersetzungen vergißt – diese außerordentliche Parallelität, die weit zurückreicht und auch in der gegenseitigen Beeinflussung, etwa in der Behördenorganisation – das alles hat, wie gesagt, Hintze sehr deutlich dargestellt – zum Ausdruck kommt und die wesentlich auch darauf beruht, daß beides Staatswesen sind, die wohl auf der einen Seite im Westen – am Ober- und Niederrhein – gewisse Wurzeln haben, aber vor allem auf kolonialem Boden entstanden sind mit dem stark bürokratisch-militärischen Charakter, der beiden Staaten zueigen ist.

Aber ich möchte nur vom Standpunkt des Österreichers auf ein paar Dinge hinweisen. Ich halte es für außerordentlich wichtig, daß hier Karl Anton von Martini so stark hervorgehoben wurde, der manchmal zugunsten seines Schülers und in einigen Punkten auch seines Gegners, Sonnenfels, übersehen wird, jedenfalls nicht entsprechend gewürdigt ist. Dieser Martini ist ein interessanter Mann; er ist Trentiner, hat in Innsbruck studiert bei Riegger. Sein Lehrer Riegger ist „Vorderösterreicher“ aus

Freiburg im Breisgau. Wir sehen hier zwei Linien: bei Martini der Einfluß des Italienischen, bei Riegger der Einfluß aus dem deutschen Westen, aber auch von Frankreich her. Beide sind übrigens Mitglieder von Freimaurerlogen gewesen, sowohl Riegger wie Martini. Martini ist vor allem der Erzieher Leopolds II. gewesen, und Leopold hat zeit seines Lebens an Martini festgehalten. Es gibt Aufzeichnungen Leopolds, in denen er sämtliche österreichischen höheren Beamten, Kirchenfürsten und Heerführer außerordentlich scharf kritisiert, hingegen Martini immer besonders lobt. Auch in seiner Regierungszeit hat Martini gegenüber Sonnenfels recht behalten, so auch mit der Organisation des österreichischen Unterrichtswesens, das unter Leopold – allerdings ist diese Sache auf dem Papier geblieben bzw. hat kein sehr langes Leben gehabt – in außerordentlich moderner Weise organisiert wurde. Interessant ist, daß bei dem Schüler Martinis, also Leopold, nicht nur im Toscanischen Verfassungsprojekt, sondern noch stärker in seinen Aufzeichnungen, der Schritt vom Rechtsstaatgedanken zum politischen Konstitutionalismus gemacht wird und daß hier ganz eindeutig, und zwar auf der Basis dieser Lehren, die er von Martini übernommen hat, die konsequente Weiterentwicklung bis zur bewußten Beschränkung der politischen Rechte des Fürsten, und zwar mit einem Argument erfolgt, das man, wie Sie sagten, auch bei Maria Theresia findet, nämlich dem Hinweis auf die Gefahr, daß entweder der Fürst selbst unter dem Einfluß schlechter Räte oder sein Sohn eventuell zu einem Despoten werden könne. Leopold schreibt selbst, man könne in einem absolut regierten Staat nicht ruhig schlafen, weil man nicht wisse, ob nicht der Fürst selbst oder sein Sohn eventuell ein Despot werden könnte.

In einer privaten Aufzeichnung über die allgemeine Erziehung, die „éducation publique", hat Leopold übrigens interessanterweise gerade auch auf Wolff besonders hingewiesen und auch auf das Lehrbuch Wolffs von Thümming, das nach Wolffs eigener Ansicht seine Lehre am besten zusammenfaßte und das, wie eine Untersuchung von Sturmberger über das Eindringen der Aufklärung in Österreich und besonders in Kremsmünster gezeigt hat, als *das* Lehrbuch der Aufklärungsphilosophie gegolten hat und das auch in den Klöstern und Stiften Österreichs, allerdings nach heftigen Kämpfen, an die Stelle der scholastischen Lehrbücher getreten ist. Ein anderer, auf den sich Leopold gerne beruft, ist Grotius, ferner Pufendorf und dann sehr oft Locke. Locke wird immer wieder erwähnt und hat hier eine besondere Funktion, seine Gedanken sind weitgehend von Leopold übernommen worden. Dann ist das Beispiel der amerikanischen Revolution und besonders die Verfassung von Pennsylvania, die sehr stark auf Leopold eingewirkt hat, und interessanterweise in seiner Jugend auch der Fall Calas – wir wissen, daß er etwas von diesem Fall gehört hat; der ältere Zinzendorf hat ihm davon erzählt – und gerade zur selben Zeit, als er Schüler Martinis war, schreibt der spanische Gesandte, daß er schon sehr vernünftig über die Rechte und Pflichten des Herrschers gesprochen habe.

Was dann die soziale Seite betrifft, so ist interessanterweise die Abschaffung der Grunduntertänigkeit von Leopold als Ziel angesehen worden. Erst vor kurzem ist die Arbeit eines in München lebenden Ungarn Denis Silagi, über Ungarn und die geheime Kabinettspolitik Leopolds II. veröffentlicht worden, in der ein Brief Leopolds an Maria Theresia, dessen Orginal leider nicht auffindbar ist, aber in deutscher Übersetzung, die Joseph hat anfertigen lassen, abgedruckt ist, wo Leopold an die Mutter schreibt, es sei sehr erfreulich, daß auf den Staatsgütern auf Grund des bekannten Projekts des Hofrats Raab die Bauernbefreiung durchgeführt worden sei. Das werde dazu führen, daß auch die Bauern in den andern Grundherrschaften dasselbe für sich wollten, und ein „mäßiger Bauernaufstand" sei doch etwas durchaus Erwünschtes, weil er den Bauern die ihnen anstehende Stellung im Staate geben würde. Es ist doch interessant, daß ein Herrscher einen „mäßigen Bauernaufstand" als ein erwünschtes Ereignis bezeichnet, und es stimmt auch völlig überein mit seiner Politik, etwa in Toscana, wo er ganz bewußt aus Adel, Bauern und Bürgertum, vor allem in kleinen Städten, eine einzige Schicht von besitzenden Bürgern machen wollte. Da gibt es ja die berühmte Anekdote, die immer wieder erzählt wird, daß der schwedische König Gustaf III. ihn gefragt haben soll, wieviel Klassen er in seinem Staat habe und daß er geantwortet habe: Zwei, nämlich Männer und Frauen. Das ist recht bezeichnend für seine Einstellung.

Ich möchte daher auch diese Frage, die Herr Scheuner aufgeworfen hat – die der Reaktion –, ganz kurz behandeln. Herr Conrad hat auch gesagt, daß bereits unter Leopold die Reaktion einsetzt. Das ist ein sehr schwieriges Problem, und ich glaube, ich möchte diese Ansicht fast verneinen. Die Reaktion setzt erst um 1800 ein. Bei Leopold handelt es sich um eine Reaktion gegen den Josephismus, gegen die josephinische Haltung.

Wenn ich das ganz kurz schematisieren darf: Joseph II. und Sonnenfels sind aufgeklärte Absolutisten. In jeder Beziehung sind sie wirklich für das absolute Recht des Herrschers, das möglichst wenig beschränkt werden soll. Sie haben nicht den Gedanken eines politischen Kodex. Bei Martini und Leopold ist das hingegen sehr wichtig; in den privaten Aufzeichnungen

Leopolds wird interessanterweise auch auf die „Habeas-corpus-Akte“ verwiesen. Es sei also notwendig, daß man nicht nur, wie Leopold in seinem bekannten „politischen Glaubensbekenntnis“ schreibt, den Fürsten beschränke, und daß das Volk sogar die Möglichkeit haben sollte, jedes Jahr dem Fürsten andere Bedingungen vorzulegen, sondern es sollte eben auch dieser Grundrechtskatalog in der Verfassung enthalten sein. Das ist für ihn das weitere Ziel auch in der späteren Zeit trotz der Französischen Revolution geblieben, die er zunächst durchaus begrüßt hat. Dann beginnt, sozusagen rein praktisch, unter seinem Sohn Franz eine gewisse Reaktion mit der ja noch recht harmlosen Jakobinerverschwörung, die aber doch eine große Aufregung hervorgerufen hat. Interessant ist, wie hier gerade die Arbeiten von Wangermann, Silagi und auch meine eigenen unabhängig von einander zu demselben Ergebnis kommen: Diese „Jakobiner“ sind fast alle ehemalige Agenten Leopolds gewesen. Das sind die Leute, durch die er die Politik beeinflussen wollte und durch die er z. B. den ungarischen Adel unter Druck setzen wollte, der ihm ja in seinem Aufstand gegen die Josephinische Gesetzgebung eben noch besondere Schwierigkeiten gemacht hat. Bei Leopold ist es hier ein erster tastender Versuch – wie es Herder mit Recht gesagt hat –, die Öffentliche Meinung als Werkzeug des Herrschers einzusetzen, und zwar in einer sehr raffinierten Form, eben durch Beeinflussung von Journalen, durch Gründung einer geheimen patriotischen Gesellschaft und ähnliche Dinge, die dann durch den Tod Leopolds abgebrochen worden sind. Aber wie das Beispiel zeigt, das Sie hier von Martini erwähnt haben, dauert es noch etwas; in den ersten Regierungsjahren von Franz geht das noch weiter. Zum Beispiel sehen wir in den ersten Regierungsjahren von Franz auch noch die Förderung von Freimaurerlogen, die in den Dienst des Staates und in den Dienst des Kaisers gestellt werden sollen. Das geht noch etwa bis 1800, und da setzt dann erst die eigentliche Reaktion ein.

(*Protonotar Professor Dr. Georg Schreiber:* Und der Erzherzog Johann?) – Erzherzog Johann ist der ausgesprochene Erbe der Ideen Leopolds. Es ist erstaunlich – und gerade jetzt in den neu veröffentlichten Aufzeichnungen über seine Jugend wird das deutlich –, daß er durchaus in der Richtung der Ideen seines Vaters handelte und dann die Reaktion nach dem Tode seines Vaters als schmerzlich empfunden hat. Der Erzieher, der ebenfalls aus dem Kreise des libertätsbewußten und fast liberalen fortschrittlichen Kärntner Adels wie Leopolds eigene Erzieher, stammte, Christallnig, den Leopold selber für Johann bestellt hatte, ist damals entfernt worden; statt dessen bekam er einen General Hager als Erzieher. Es gibt hier tiefe innere Gegensätze in der habsburgischen Familie; von ferne sieht es so aus, als ob alles einheitlich sei. Es gibt aber da starke Unterschiede zwischen Joseph und Leopold. Franz, der Sohn Leopolds, ist in seinen entscheidenden Jahren von Joseph erzogen worden und ist in vieler Hinsicht der Fortsetzer der josephinischen Linie. Es ist alles Aufklärung, es gibt gewisse Zeitgemeinsamkeiten, und eine habsburgische Familientradition, aber innerhalb der Familiengemeinsamkeiten gibt es doch auch starke Unterschiede.

Professor Dr. phil. Max Braubach

Als Historiker, der sich in besonderer Weise mit dem 18. Jahrhundert beschäftigt hat, bin ich dankbar für die vielen Anregungen und Erkenntnisse, die der Vortrag mir gegeben hat.

Man darf wohl sagen, daß dank dem Interesse, das man von jeher Friedrich dem Großen entgegengebracht hat, dank aber auch vor allem den Veröffentlichungen der Vorträge von Svarez durch Herrn Conrad, man über die Vorgänge auf rechtsstaatlichem Gebiet in Preußen heute sehr gut unterrichtet ist. Im Zusammenhang damit steht jedoch ein Problem, das besonders nach 1945 zur Diskussion gestellt worden ist: Warum hat die Französische Revolution in Deutschland nicht gezündet, warum sind deren Ideen hier nicht rezipiert worden? Hat das vielleicht darin seinen Grund gehabt, daß hier die Aufklärung weiter fortgeschritten und ihre Forderungen von staatlicher Seite weitgehend erfüllt worden waren? Das haben in der Tat gerade die aufgeklärten Kreise in Berlin schon damals behauptet, sie haben erklärt, daß man in Preußen das, was die Franzosen jetzt bei sich durchsetzten, schon besitze und eine Revolution daher unnötig sei. Und nicht nur in Preußen hat man dieses Gefühl gehabt, sondern auch in anderen Teilen Deutschlands, so etwa im kurkölnischen Bonn, wo der einflußreiche Kammerpräsident und Universitätskurator Spiegel in einer Rede von 1788 den Triumph der Aufklärung verkündete und bei der Eröffnung des akademischen Jahres im November 1789 sich beeilte, die Zustände im Deutschen Reich dem Despotismus in Frankreich gegenüberzustellen.

Nicht so günstig wie für Preußen steht es mit unserer Kenntnis für Österreich. Von den bedeutenden Söhnen der Maria Theresia hat bisher gerade Joseph II. noch keine wirklich befriedigende Biographie gefunden, wir sind hier noch immer auf das Werk des Russen Mitrofanov von 1910 angewiesen, während freilich der Josephinismus durch die Bücher von Winter und Valjavec und die große nunmehr in 5 Bänden abgeschlossene Publikation von Maasz, die freilich sich nur auf die kirchlichen Reformen bezieht, weitgehende Klärung erfahren hat. Es mag sein, daß Martini den Unterricht Josephs II. nicht mehr beeinflußt hat, doch hat der Kaiser dann, wie sich aus den leider nur fragmentarisch veröffentlichten Tagebüchern des Obristhofmeisters Khevenhüller ergibt, häufig den Prüfungen seiner jüngeren Brüder gerade in den Rechtsfächern beigewohnt, für deren Ausbildung, wie sich auch aus Niederschriften des jüngsten, des späteren kölnischen Kurfürsten Max Franz, ergibt, neben Martini auch der aufgeklärte Kanonist Riegger maßgebend gewesen ist. „Edoctus fui Principibus Riegerianis", lesen wir zu Beginn einer rückblickenden Zusammenstellung von Max Franz über seine Haltung im Nuntiaturstreit mit der Kurie. Joseph II. ist – im Gegensatz zu Friedrich dem Großen, der zwar theoretisch ganz auf dem Boden der Aufklärung stand, es aber vermied, daraus Folgerungen für die Gestaltung der Gesellschaft in seinem Staate zu ziehen – ein Revolutionär gewesen, er hat damit aber schließlich sein Reich an den Rand des Abgrundes gebracht, was seine Brüder Leopold und Max Franz mit Schrecken beobachteten. Wenn sein früher Tod vielleicht ein Glück für Österreich war, so war dagegen sicher die Tatsache, daß sein Nachfolger Leopold II. ihm schon nach zwei Jahren in das Grab folgte, ein Unglück. Er hat es mit großem Geschick verstanden, das aus allen Fugen krachende Habsburgerreich wieder zu konsolidieren und durch eine geniale Außenpolitik schwerste Gefahren abzuwenden. Die Entwicklung wäre anders verlaufen, wenn dieser kluge Mann länger regiert hätte. Mit Spannung darf man seiner Biographie, die Kollege Wandruszka in Angriff genommen hat, entgegensehen.

Hinweisen möchte ich auf die Frage des Einflusses bestimmter Universitäten auf die Ausbreitung aufgeklärter Grundsätze gerade im Rechtswesen. Bekannt ist ja die Rolle von Göttingen, weniger – gerade für Österreich und das übrige katholische Deutschland – die von Löwen, wo gallikanische und jansenistische Lehrer in der juristischen Fakultät wirkten. Hier haben etwa Männer wie der kölnische Minister Belderbusch, der um 1770 der Aufklärung am Rhein Eingang verschaffte, der schon genannte Bonner Kurator Spiegel und der mit ihm befreundete spätere österreichische Minister Graf O'Donell studiert.

Noch vieles ist – trotz des materialreichen Buches von Rall über Kurbayern in der letzten Epoche der alten Reichsverfassung – zu tun zur Klärung der Aufklärung in Bayern. Wie es bisher keine Biographie Josephs II. gibt, so fehlt auch eine Biographie des aufgeklärten bayrischen Kurfürsten Max Joseph (1745–1777), und ebenso hat sein für die Rechtsangelegenheiten zuständiger Minister Kreittmayr noch keinen Bearbeiter gefunden. Wie stark gerade in Bayern die Aufklärung sich ausgebreitet hat, zeigt eine Reihe von Forschungen des Kollegen Spindler und seiner Schüler, die aus Anlaß des Zweihundertjahr-Jubiläums der Münchener Akademie der Wissenschaften erschienen sind. Es ist erstaunlich, was hier unter der Leitung von ausgesprochenen Aufklärern wie Lori vor allem auf historischem und naturwissenschaftlichem Gebiete geleistet worden ist.

Man müßte auch die kleineren deutschen Staaten, für die das Jahrzehnt von 1780 bis 1790 eine Fülle von Reformen gebracht hat, in die Forschungen einbeziehen. Manches liegt schon vor. Hingewiesen sei wenigstens auf die Justizreform, die Max Franz nach seinem Regierungsantritt in Kurköln mit der Errichtung eines eigenen Appellationsgerichts durchführte. An die Schaffung eines jus certum konnte man hier aus Mangel an geeigneten Bearbeitern kaum denken. Max Franz selbst war ein Gegner des römischen Rechts, in seinen Papieren finden sich immer wieder zornvolle Auslassungen gegen den „Pandektenwust".

Die Aufklärung in ihrer Gesamterscheinung ist bisher eigentlich fast nur im Hinblick auf ihre philosophische Grundlage und Auswirkung dargestellt worden. Wieweit die soeben erschienene Geschichte der abendländischen Aufklärung von Valjavec – er hat die Veröffentlichung leider nicht mehr erlebt – eine befriedigende Würdigung bedeutet, vermag ich nicht zu sagen, da ich das Buch bisher noch nicht lesen konnte. Jedenfalls aber sind noch viele Vorarbeiten für die verschiedenen Gebiete des geistigen, staatlichen und wirtschaftlichen Lebens nötig, um zu einer objektiven und vollständigen Kenntnis jener Zeit zu gelangen. Dem Vortragenden müssen wir ganz besonders dankbar für den Beitrag sein, den er hierzu gegeben hat.

Ministerialrat Classen

Herr Professor Conrad, Sie stellten als eine Vorschrift, die in besonders markanter Weise das Bemühen um Rechtsstaatlichkeit im heute verstandenen Sinne erkennen lasse, jenen § 12 der Einleitung zum Preußischen Gesetz von 1791 heraus, wo es heißt, daß ein ohne Befassung der Gesetzkommission zustande gekommenes Gesetz trotz seiner Publizierung „in Ansehung des dadurch beeinträchtigten Staatsbürgers unverbindlich und ohne Wirkung“ ist.

Gewiß, das ist eine besonders wichtige Vorschrift, weil sie den Schutz des Staatsbürgers bezweckt. Immerhin scheinen mir für das echte Bemühen um Rechtsstaatlichkeit zwei Vorschriften aus dem uns vorliegenden Gesetzesextrakt noch bedeutsamer zu sein, die bisher nicht in der Weise angesprochen worden sind, wie sie es meines Erachtens verdienen.

Zunächst ist es gleichfalls diese Einleitung zum Gesetz von 1791, wo es beim § 78 heißt, daß das Oberhaupt des Staates zwecks Erfüllung der Staatszwecke berechtigt ist, „die *äußeren* Handlungen aller Einwohner diesem Zwecke gemäß zu leiten und zu bestimmen“. Diese Reduzierung der Staatsfunktion auf das *äußere* Verhalten des Bürgers muß in der damaligen Zeit etwas Neues gewesen sein; man respektiert damit, daß es Sinn des Rechtes eigentlich nur sein kann, ein *äußeres* Verhalten zu erzwingen, daß es dem Recht nicht ansteht, in die Bereiche von Sitte, Brauchtum usw. vorzustoßen. Wird das rein innere Verhalten des Menschen, sein Denken und Fühlen zum Anknüpfungspunkt für Rechtsfolgen genommen, dann sind die Gedanken nicht mehr zollfrei. Dann werden nicht mehr Handlungen sondern Gesinnungen verfolgt und bestraft, wir wissen, wohin dies führt.

Die zweite, hochbedeutsame Bestimmung finden wir in dem abgedruckten § 31 des Bürgerlichen Gesetzbuchs für Westgalizien von 1797. Dort ist in sehr markanter Weise ausgesprochen nicht nur der Gleichheitsgrundsatz als solcher, was m. E. nicht so wichtig und bedeutsam ist, als vielmehr die *Fundierung* dieses Gleichheitsgrundsatzes. Es heißt: „... denn was nach diesen Rechten *einem* Menschen erlaubt ist, dieses kann *andern* nicht verboten, und was *einem* Menschen verboten ist, kann *anderen* nicht erlaubt sein.“

Das ist eine *ethische* Fundierung des Gleichheitsgrundsatzes, nicht die übliche Rechtfertigung mit dem Hinweis auf gewisse biologische Gegebenheiten: Jeder Mensch braucht Nahrung, Kleidung und Wohnung. Praktisch ist dieser § 31 das Resümee der vorangehenden Vorschriften, vor allem des § 29. Dort ist m. E. in prächtiger Weise das Recht zur Entfaltung der Persönlichkeit ausgesprochen. Es ist sehr interessant, den Gleichheitsgrundsatz in Verbindung zu sehen gerade mit diesem Recht auf Entfaltung der Persönlichkeit. Wenn ich diesen Gleichheitsgrundsatz ethisch und nicht etwa biologisch motiviere, dann ist das alles andere als eine Wortspielerei. Die von den Enzyklopädisten bevorzugte rein biologische Fundierung führt zwangsläufig zu Platitüden, zur Verflachung, während eine ethische Fundierung des Gleichheitsgrundsatzes Raum läßt, Unterschiede der einzelnen Menschen zu berücksichtigen, also auch die Lehre vom Organismus zu übernehmen, wie sie in der Scholastik entwickelt war und von Goethe übernommen wurde, jene Lehre also, die da sagt, daß ein Organismus – sei es der Organismus eines Einzelwesens oder der Organismus einer menschlichen Gemeinschaft – um so höherwertiger ist, je vielgliedriger seine Einzelteile sind. Nachdem § 31 die Gleichheit aller vor dem Gesetz betont hat, unterstreicht § 33 die Verschiedenheit, die Buntfarbigkeit innerhalb der bürgerlichen Gesellschaft, ohne daß dies als Mangel oder Widerspruch empfunden würde. Es heißt, daß „durch ihre vereinigten Kräfte der Schwache gegen den Stärkeren geschützt“ wird, daß „der Ohnmächtige gegen den Mächtigen verteidigt“ wird, daß die „Rechte sichergestellt“ werden. Alles in allem kann man also sagen, daß der damalige Gesetzgeber mit dem Bemühen um Rechtsstaatlichkeit wirklich ernstgemacht hat; er ist, wie mein Vorredner sagte, nicht Literat geblieben, hat also nicht Grundsätze verkündet, die er selber nicht ernstgenommen hätte.

Das ist für uns Heutige Anlaß zu fragen, ob wir mit den Grundsätzen ernstmachen, von denen wir so gern reden. Unser heutiges Thema ist ja ein rein rechtsgeschichtliches, es hat Blickrichtung speziell auf das alte Preußen und Österreich. Es handelt insoweit von „rechtsstaatlichen Bestrebungen im Absolutismus“. Man könnte das Thema umkehren und fragen – das ist natürlich provozierend –: Haben wir nicht heute „absolutistische Bestrebungen im Rechtsstaat?“ Absolutistische Bestrebungen in dem Sinne verstanden, daß der Staat absolutus ist, losgelöst, zwar nicht vom Gesetz, a lege, aber doch praktisch a hominibus – von den Menschen losgelöst, daß dieser Rechtsstaat als ein System von Normen, die nach ihrer Entlassung aus der Hand des Gesetzgebers ihr eigenes Leben entfalten, dahin führen kann, daß die Existenz von Menschen ignoriert wird, denen doch die Norm dienen soll.

Man könnte eine Masse Beispiele bilden, etwa die Frage aufwerfen, in welchem Maße die Norm Beachtung verlangen kann. Ein ganz harmloser Fall: die Verkehrsampel. Was geschieht, wenn ich während absoluter Verkehrsstille bei „Rot“ über die Straße gehe? Kürzlich hatte das Bundesverfassungsgericht mit einem solchen Fall zu tun. Jemand hatte bei Rot eine Straße überquert, über die tatsächlich pro Tag nur 20 Fahrzeuge rollten. Es handelte sich um eine übersichtliche Kreuzung. Er stellte sich auf den Standpunkt: ich habe nichts Unrechtes getan, als ich bei Rot über die Straße gegangen bin. In England und Frankreich sind diese roten Ampeln ja auch nur Warnzeichen, keine Verbotszeichen; jeder kann über die Straße gehen; wenn er Malheur hat, muß er freilich den Schaden tragen. Das Bundesverfassungsgericht hat sich sehr ernstlich mit diesem Anliegen auseinandergesetzt und hat den Mann nicht als Querulanten behandelt.

Ich glaube, daß wir unser heutiges rechtsgeschichtliches Thema als Aufforderung verstehen sollten, auch das Spiegelbild dieses Themas zu prüfen: Wozu verpflichtet der Rechtsstaat, den wir heute als festen Besitz betrachten? Wie unterbinden wir vor allem, daß der Rechtsstaat den lebendigen und denkenden Menschen überrollt?

Professor Dr. jur. Hans Peters

Zur Bedeutung des Vortrages im Hinblick auf die Gegenwart darf ich einiges sagen. Es ist das besondere Verdienst von Herrn Conrad, daß er uns Einzelheiten zur Geschichte der Entstehung des Rechtsstaates vorgetragen hat. Die von ihm getroffenen Feststellungen scheinen mir für den heutigen verfassungsrechtlichen Begriff des Rechtsstaates geradezu unentbehrlich. Wir bemühen uns auch heute darum, zu erfassen, was der sachliche Gehalt des Rechtsstaates ist. Auf der Bonner Staatsrechtslehrertagung hat ein bedeutender Staatsrechtler behauptet, der Rechtsstaat sei eine rein formale Angelegenheit.

Aus dem Vortrag von Herrn Conrad haben wir gelernt, daß beim Rechtsstaat ein echtes Ringen um den sachlichen und moralischen Gehalt des Rechts offenkundig wird. In diesem Augenblick ist mir klar geworden, wie die Entwicklung seitdem sozusagen abgesackt ist. Beim Rechtsstaat geht es als erstes um die Anerkennung des Menschen als *Rechtsperson.* Diese geht der hier behandelten Periode schon voraus. Dann kommt als zweite Station die Schutzwürdigkeit von *Rechten* des Bürgers. Daraus folgt als nächste Stufe, daß zunächst die *Freiheit* des Menschen als schutzwürdig anerkannt wird. Hinzu treten die Heraushebung der politischen Freiheit und dann die Bindung des Staats an das Gemeinwohl. Der Bindung des Staats an das Gemeinwohl folgt endlich die Bindung des Staates an die Freiheit des Bürgers. Der Kampf gegen den „Machtspruch" erfordert eine juristische Formulierung. Dabei geht es um die Unabhängigkeit der Rechtspflege und die Kontrolle der Verwaltung durch die Rechtsprechung. Nun folgt als nächstes im Zeitalter des Liberalismus die Beschränkung der

Staatszwecke – etwa mit Humboldt –; jetzt wird der Staatszweck eingeengt auf den Rechtszweck, auf die Sicherung der rechtlichen Ordnung und die Sicherung nach außen. Der Wohlfahrtsgedanke wird aus dem Gemeinwohl mehr und mehr zurückgedrängt, denn Wohlfahrt und Kultur sind danach nicht eigentliche Aufgaben des Staates, sondern nur allenfalls noch sekundär. Schließlich kommt als folgende die Stufe, die für uns die Wendung bedeutet, nämlich die Epoche der geschriebenen Verfassungen, die aus dem Kampf *um das Recht*, den der Staat zu führen hat, einen Kampf *gegen den Staat* macht.

Dieser Kampf *gegen* den Staat kennzeichnet das „bürgerliche Rechtsstaatsprinzip" mit dem Prinzip von der Gesetzmäßigkeit der Verwaltung, nach dem der Staat in Gestalt seiner Verwaltung an die Gesetze gebunden ist. Jetzt erscheint der Rechtspositivismus auf der Bildfläche. Recht wird nur, was positiv vom Gesetzgeber als Gesetz gesetzt wird. Dazu gehören auch die vorhin erwähnten Verkehrsvorschriften, an die sich auch der Staat und damit die Verwaltung zu halten hat. Das zweite Prinzip des bürgerlichen Rechtsstaats ist der Vorbehalt des Gesetzes. Dem Gesetzgeber wird jetzt jeder Eingriff in die Freiheitssphäre des Bürgers vorbehalten; hierin liegt ein unerhörtes Vertrauen zum Parlament. Was das Parlament tut, geschieht stets im Interesse der Bürger und der Freiheit, wie unwiderleglich vermutet wird. Damit kommt die Anerkennung des Satzes – eines rein formalen Satzes –, nach dem alles, was das Parlament zum Gesetz macht, nun nicht bloß beachtenswert, sondern sogar Recht ist. Damit soll die bürgerliche Freiheit am besten geschützt sein. Als letzte Stufe in der Entwicklung des bürgerlichen Rechtsstaats haben wir die Verwaltungsgerichtsbarkeit und die Verfassungsgerichtsbarkeit.

Damit ist der Rechtsstaat vom Mittel zur Sicherung des Rechts zur Kampfparole gegen vermeintliche Übergriffe des Staats und letztlich zum Kampfinstrument gegen den Staat geworden. Bei diesem Kampf gegen den Staat entsteht die heutige politische Frage der Jugend: Was ist denn eigentlich der Sinn der heutigen Staatsidee? In dem Augenblick, wo man das westliche Staatsideal nur noch in diesem *negativen* Rechtsstaatsprinzip sieht, scheint eine positive Staatsidee nicht mehr vorhanden zu sein. Herr Conrad hat uns in seinen heutigen Ausführungen, die meiner Ansicht nach an den Ursprung des Rechtsstaatsprinzips heranreichen, die Augen dafür geöffnet, worin eigentlich die westliche Staatsidee liegt, wenn sie für den Rechtsstaat kämpft. Sie kämpft in Wirklichkeit um den Menschen, um seine Anerkennung als Rechtspersönlichkeit, um die schutzwürdigen Rechte des Bürgers, um die schutzwürdige Freiheit des Bürgers, also um seine menschliche und bürgerliche Freiheit, um seine politische Freiheit. Nicht der Kampf des Bürgers gegen den Staat ist Sinngehalt der Rechtsstaatsidee, wie es manchmal nach Gerichtsurteilen wie in Darlegungen von Juristen zu sein scheint.

Der Vortrag ist auch hinsichtlich des geltenden Rechts und der Politik so bedeutsam, weil er die positiven Seiten des Rechtsstaatsprinzips klar aufdeckt, um die der Absolutismus in der Tat schwer hat ringen und kämpfen müssen. Gerade dieses Ringen des Absolutismus zeigt meines Erachtens uns Heutigen am deutlichsten, wo wirklich die positiven Werte des uns so teueren Rechtsstaates liegen.

Professor Dr. phil. Walther Hubatsch

Für den Historiker und Rechtshistoriker kann es nichts Schöneres geben, als wenn die historischen und rechtshistorischen Ausführungen Aktualisierung bewirken. Wenn dann die Diskussion, auf dem gesamten Hintergrund der Aufklärung, auch in die Gegenwart hineinspielt, dann ist für den Historiker die Frage erlaubt, ob er nicht auch den aktuellen Gehalt in der damaligen Gegenwart zu prüfen hat.

Ich möchte an den Unterschied anknüpfen, den Herr Conrad zwischen Joseph II. und Friedrich dem Großen in bezug auf die Weiterwirkung der französischen Aufklärungsideen gemacht hat. Hier ist ein Unterschied aufgezeigt worden, der in Preußen gewiß die Tatsache zum Hintergrund hat, daß hier ältere Wurzeln, auf die Herr Scheuner hingewiesen hat und die wir auch aus den Arbeiten von Gerhard Östreich kennen, bestanden haben. Wenn andererseits im Jahre 1797 für Westgalizien eine Erklärung in der Formulierung ausgesprochen ist, wie wir sie im Wortlaut hier vor uns haben, dann wäre doch diese Erklärung, die die Menschenrechte in einer gültigen und zweckbestimmten Formulierung bringt, in Beziehung zu setzen zu den allgemeinen Menschenrechtserklärungen der Französischen Revolution und ihrer Vorläufer. Wir haben also auf der einen Seite einen unbezweifelbaren Zug westlicher Aufklärung in Österreich, und auf der andern Seite ein retardierendes Moment dieser westlichen Aufklärung in Preußen, entstanden aus älteren Bezügen und älteren Vorstellungen. Das bezieht sich nicht allein auf die Gedankenwelt der damaligen Staatsrechtslehrer, sondern auf die aktuelleren Bindungen der Staatsraison. Das geistige

Programm wird bei Svarez zu einer gesetzgeberischen Tat, aber es ist darüber hinaus auch zu einer Verwaltungspraxis gemacht worden. Ich möchte darauf noch ganz kurz Ihr Augenmerk lenken.

Im Jahre 1794 ist das Allgemeine Landrecht für die preußischen Staaten erlassen worden. Im Jahre darauf steht Preußen durch den Tatbestand der dritten polnischen Teilung bereits vor der Notwendigkeit, daß diese hier statuierte Theorie sich an einem Gegenstand praktisch erproben muß, der zunächst außerhalb aller praktischen Erfahrungen in Preußen liegt, nämlich auf einem Gebiet, das in einer besonders schwierigen Situation die Verwaltung vor ganz neue Aufgaben stellt. Es handelt sich um ein schon räumlich sehr großes Gebiet, das verwaltungsmäßig fast noch nicht durchdrungen ist, um ein konfessionell andersartiges Gebiet als die meisten preußischen Provinzen, und vor allem um ein sprachlich von ihm höchst verschiedenes Gebiet. Ich möchte auf dieses Versuchsfeld deswegen besonders hinweisen, einmal weil die Arbeitsgemeinschaft für Forschung dankenswerterweise einen Druckbeitrag für eine entsprechende Studie eines meiner Schüler bewilligt hatte[1], zum andern aber auch, weil sich hier praktisch zeigt, was von den Staatsrechtslehren jener Zeit angekommen ist.

Ich möchte mir den Vorschlag erlauben, ob es nicht sinnvoll wäre, für die spätere Forschung einmal das, was wir jetzt aus den Akten über die Verwaltungstätigkeit in Preußen bereits wissen, in Parallele zu setzen zu dem, was in Westgalizien, diesem österreichischen Vorfeld, und in den Randgebieten des andern absolutistischen Staates sich an Verwaltungserfahrungen gezeigt hat. Erst dann werden wir ermessen können, inwieweit die postulierten Formulierungen aus dem Landrecht oder auch die Menschenrechtserklärungen in der Staatspraxis wirksam geworden sind. Es ist schon auffällig, daß in den neugewonnenen polnischen Provinzen Preußens gerade die Reformer-Generation ihre ersten praktischen Staatserfahrungen vermittelt erhält, die dann in Preußen von 1808 bis 1810 wirksam werden sollten. Ich nenne da nur Schroetter; ich nenne Steins erstes Ministerium. Er hat durch Bereisung und mancherlei speziell angeforderte Berichte stark an dem sich dort abspielenden Experiment Anteil genommen. Wir dürfen dieses Experiment auch nicht nach seinem Ausgang beurteilen. Die zehn Jahre haben dafür nicht genügt; ein Erfolg ist noch nicht sichtbar geworden, weil die Verhältnisse viel zu schwierig

[1] *I. C. Bussenius:* Die preußische Verwaltung in Süd- und Neuostpreußen 1793—1806, Studien zur Geschichte Preußens Bd. 6, Heidelberg 1960. — Urkunden und Akten der preußischen Verwaltung in Süd- und Neuostpreußen (im Druck).

gewesen sind. Daß Humboldt, der ja ebenfalls zu dieser Reformergruppe zu rechnen ist, zunächst ein anderes Bild vom Staat, nämlich die Staatsbeschränkung, im Auge hatte, besagt nichts gegen die Tatsache, daß er in dem Augenblick, da er in die Verantwortung gestellt worden ist, dieses Staatsbild ändert. Ich möchte hier die dafür grundlegende Untersuchung von Siegfried Kaehler nennen.

Dann ist auf den Einfluß von Kant hingewiesen worden. In der Tat meine ich, daß auch diese philosophischen Bezugnahmen zu dem Thema gehören und gehören sollten. Ich bin allerdings doch der Überzeugung, daß wir bis heute keine schlüssige und gültige Beweisführung für den Einfluß Kantischen Staatsdenkens auf die Staatspraxis haben. Mancherlei angestellte Versuche haben bisher zu einem mehr oder weniger unbefriedigenden Ergebnis geführt; wenn man einmal von dem grandiosen und großartigen Wurf Diltheys absehen will, so ist jede detailliertere Bestimmung des Kantischen Staatsdenkens oder staatlichen Standortes meines Erachtens noch nicht gelungen. Wir haben nur eine indirekte Wirkung, spürbar in dem Fortwirken der Kantischen Ideen auf Kraus, auf die frühliberale Richtung in Preußen also, und von dort her, weil Kraus den jungen Verwaltungsbeamten Preußens ein Kolleg bei Kant zur Pflicht gemacht hatte, eine starke, aber eben nur indirekte Bezugnahme auf das Staatsdenken der Reformzeit. Stein ist alles andere als ein Schüler Kants gewesen, aber wessen philosophischer Schüler war er sonst? Wir kennen aus Steins Schriften mancherlei höchst abfällige Äußerungen darüber, wie er das Philosophieren aufgefaßt hat. Vor ihm hat kaum je ein Philosoph Gnade gefunden. Er hat in bezug auf Kant aber eine sehr deutliche Ausnahme gemacht.

Wenn schließlich auch die Ideen von 1789 auf diesen Reformerkreis mit eingewirkt haben, so möchte ich hier in Preußen vielleicht doch ein stärker retardierendes Moment sehen. 1789 sind diese Ideen noch nicht spontan wirksam geworden; sie sind erst im napoleonischen Gewand, oder besser in Napoleons Uniform, nach Deutschland gekommen. Erst in dem Augenblick, in dem Napoleon die preußischen Staatsmänner unmittelbar zwang, sich mit diesen Ideen auseinanderzusetzen, ist das auch geschehen. Es stehen gewissermaßen zwei Richtungen parallel nebeneinander oder sie stoßen auch aufeinander zu mit demselben Endziel. Aber das geschieht doch wohl erst – und da möchte ich Herrn von Wandruszka zustimmen – nach 1800; erst nach der Jahrhundertwende haben die ersten ernsthaften Auseinandersetzungen begonnen. Gerade in den Briefen und Schriften von Stein ist sehr schön zu verfolgen, wie sich das schrittweise, Zug um Zug nacheinander vollzieht, wie Steins Staatsanschauung bis zur Nassauer Denkschrift sich langsam mit dem, was aus der Französischen Revolution inzwischen resultiert, zusammenschiebt.

Zusammenfassend: Ich möchte anregen, zu prüfen, inwieweit dem Allgemeinen Landrecht die aufgeklärten Reformideen entsprachen, die in den polnischen Teilen angewandt wurden, und wieweit sie dort zur Richtschnur gedient haben, und möchte anregen, das in Parallele zu Westgalizien zu sehen. Wenn 1790 bereits, wie Herr Conrad meinte, als politisches Fernziel auch die politische Freiheit gedient haben sollte, dann ist für Preußen jedenfalls zu sagen, daß dies sehr zögernd vorgenommen worden ist und auch nur zögernd vorgenommen werden konnte, weil – und das scheint mir hier doch entscheidend zu sein – die praktische Durchführung der Staatsreform von 1808 bis 1810 ja zur Voraussetzung hatte, daß das preußische Staatsgebiet durch die Besetzung von 1806/07 reduziert war, daß es dadurch von Gebieten befreit wurde, die Preußen zunächst in der Verwaltung nur belasten mußten, jener Gebiete nämlich, die ihm in der zweiten und dritten polnischen Teilung zugefallen waren und die seit 1806 nicht mehr der preußischen Verantwortung unterstanden.

Landtagsabgeordneter Dr. jur. Joseph Bollig

Ich bin selbstverständlich keiner von denen, der soviel Historisches weiß und der soviel über juristische Probleme gearbeitet hat wie Sie. Aber nachdem ich heute sehr viel Interessantes gehört habe, ist mir, Herr Prof. Dr. Conrad, auch manches in die Erinnerung zurückgekommen, besonders in Erinnerung an unseren gemeinsamen Lehrer Prof. Dr. Franz Haymann. Es ist mir der Gedanke gekommen: Haben wir denn nicht schon Ansätze der Rechtsstaatlichkeit im römischen Recht? Wenn Sie den Satz nehmen: hominum causa omne ius constitutum est, dann haben Sie den ersten Ansatz. Wenn Sie Papinian nehmen, der sagte: Juris praecepta sunt haec: honeste vivere, alterum non laedere, ius suum cuique tribuere, dann haben Sie die Größenordnung. Es ist interessant, daß bei dem jüngeren Ulpian dieses „honeste vivere“ fehlt: das gegenseitige Rücksichtnehmen aufeinander, das Eingeordnetsein in die Gemeinschaft. Wenn ich dann so weitergehe und denke an die „secunda secundae“ der Summa Theologica – ich glaube, es sind die Questiones 58ff. bei Thomas von Aquin, wo er sich über das Verhältnis des Naturrechts zum gesetzten Recht ausläßt und die These aufstellt, daß das gesetzte Recht die Vermutung der Übereinstimmung mit dem Naturrecht für sich habe, also zeigt, wie er mit beiden Beinen auf der Erde stand –, dann scheint mir manchmal, daß alles das, was später wieder aufgeklungen ist, schon einmal dagewesen und von den Alten aber viel einfacher gesagt worden ist. Wenn ich dann weiter die Arbeit in Ihren Kreisen sehe – und jetzt fühle ich mich in der Rolle des Politikers, der ja sehen soll, was demnächst bei unserer staatlichen Ordnung kommen wird –, dann glaube ich, daß die Frage, die Herr Claassen gestellt hat, des Schweißes der Edlen wert wäre. Wir sind noch lange nicht fertig mit den Dingen, und als mir mein Junge jetzt ein Buch des in der Sowjetunion erzogenen und geschulten Wolfgang Leonhard „Die Revolution entläßt ihre Kinder“, in dem er diese Schulung der jungen Menschen in der Sowjetunion schildert, in die Finger drückte, da wurde mir bei der Lektüre dieses Buches doch manchmal angst und bange um das, was uns – auch hier – bevorstehen könnte. Wenn ich dann weiter sehe, daß mancher Parlamentarier dann, wenn die Dritte Gewalt eine Entscheidung gefällt hat, die ihm nicht paßt, fast willens ist, nicht mehr nach dem Gesetz zu handeln, das er sich selbst gegeben hat und nach dem er angetreten ist; wenn ich dazu die Reden von Tocqueville in der französischen Kammer – nachzulesen in „Das Zeitalter der Gleichheit“ – und seine Ausführungen über seine Erfahrungen in der damaligen Zeit vor Augen habe, dann scheint mir, daß es höchste Zeit ist, sich Gedanken darüber zu machen, was kommen wird.

Das ist der einzige Grund, weshalb ich hier etwas gesagt habe. Ich bitte Sie, meine Herren der Wissenschaft, herzlich und dringend, diese Aufgabe, in die Zukunft zu sehen, die meines Erachtens das Gebot der Stunde ist, über allem Schweifen in die Vergangenheit nicht zu vergessen.

Professor Dr. phil. Joseph Höffner

Herr Professor Conrad wies darauf hin, daß man sich in Österreich und Preußen bei der Begründung der bürgerlichen Freiheit auf die Theorie des Staatsgründungsvertrages berufen hat, und Herr Professor Scheuner bemerkte dazu, daß dieser Gedanke wohl von Thomas Hobbes übernommen worden sei, da man im 16. Jahrhundert im deutschen Sprachgebiet den Staat von der Familie und von der Religion her gedeutet habe. Das trifft allerdings nicht für die *spanische* Staatslehre des 16. Jahrhunderts zu, die sich in fünf Sätzen zusammenfassen läßt:

Erstens: Der Staat entsteht durch einen ausdrücklichen Vertrag oder durch eine stillschweigende Übereinkunft des Volkes. Die typischen Formulierungen der spanischen Theologen lauten: „pactum expressum vel tacitum", „specialis voluntas", „consensus communis singulorum", „primum illud foedus" (Francisco de Vitoria, Domingo de Soto, Francisco Suarez u. a.).

Zweitens: Die Staatsgewalt ruht ursprünglich und unmittelbar im Volksganzen, d. h. nicht in den einzelnen Menschen als solchen, auch nicht in der Masse, sondern im politisch geeinten Staatsvolk.

Drittens: Bei der Übertragung der Staatsgewalt an den Fürsten bleibt die Gewalt wurzelhaft im Volksganzen – als ihrem ursprünglichen Inhaber – erhalten.

Viertens: Wenn der Fürst zum Tyrannen entartet, ist zwar nicht der einzelne Bürger, wohl jedoch das Volksganze als ursprünglicher Inhaber der Staatsgewalt berechtigt, die Staatsgewalt wieder an sich zu nehmen und den Fürsten mit Gewalt abzusetzen, wobei sich die spanischen Theologen auf das Wort des Thomas von Aquin berufen: „non privata praesumptione aliquorum, sed auctoritate publica procedendum" (De reg. Princ., I, 6).

Fünftens: Der Staatstheorie der spanischen Theologen des 16. Jahrhunderts liegt das Bestreben zugrunde, den kirchlichen und den staatlichen Bereich voneinander abzugrenzen, was nicht bedeutet, daß der Staat nicht auf Gott bezogen sei. Es ist vielmehr einhellige Lehre der spanischen Theologen, daß alle staatliche Gewalt *letztlich* aus Gott, dem Schöpfer der Menschennatur, stammt.

Die Staatslehre der spanischen Theologen des 16. Jahrhunderts trägt in mancher Hinsicht „freiheitliche" und „neuzeitliche" Züge. Es überrascht deshalb nicht, daß man auch von der These, der Mensch besitze nur Rechte innerhalb des ihm zukommenden gesellschaftlichen Status, abzugehen beginnt. Bei Ludwig Molina findet sich der immerhin für das 16. Jahrhundert erstaunliche Satz, daß jedermann das Recht habe, „auf eine höhere Stufe emporzusteigen, wenn es das Los so mit sich bringt", da keinem eine bestimmte Stufe in der Weise geschuldet sei, „daß er weder hinab- noch hinaufsteigen könnte" („omnesque Reipublicae partes jus habent conscendendi ad gradum superiorem, si cujusque sors id tulerit, neque cuiquam certus quidam gradus debetur, quin descendere et conscendere possit". De Justitia et Jure, Tract. II., Disp. 365, n. 9). Schon ein Menschenalter vorher hatte der italienische Theologe und Kardinal Thomas de Vio Cajetanus († 1534) die These, daß „ein Bauer immer ein Bauer, ein Handwerker immer ein Handwerker und ein Bürger immer ein Bürger" bleiben müsse, „offensichtlich absurd" genannt („Et sic rusticum oporteret semper fore rusticum, et artificem semper artificem, et civem semper civem: et nunquam posse emere sibi dominium aliquod. Quae sunt manifeste absurda". Com. ad S. Th. II. II. qu. 118, art. 1).

Die Anschauungen der spanischen Theologen des 16. Jahrhunderts haben auf die übrigen europäischen Länder stärker eingewirkt als man gemeinhin annimmt. Spanische Theologen lehrten damals an zahlreichen ausländischen Universitäten: Toletus, Suarez, de Lugo, Esparza und Sylvester Maurus wirkten in Rom, Gregor von Valencia in Ingolstadt, Arriaga in Prag, Maldonatus in Paris, um nur wenige zu nennen. Auch bei den calvinistischen Professoren an den niederländischen Universitäten des 17. Jahrhunderts, z. B. bei Amesius, Voetius, Rivetus, Danaeus, ist der Einfluß der Spanier unverkennbar. Die Werke der „Päpstlichen", so bekennt z. B. der angesehene calvinistische Kasuist Wilhelm Amesius († 1633), „bergen einige Silberäderchen, aus denen ich, wie ich gern gestehe, manche nicht verachtenswerte Kenntnis entnommen habe".

Bekanntlich zitiert auch Hugo Grotius die spanischen Theologen, die er nicht Scholastiker, sondern „magistri Hispanorum" nennt, immer wieder, z. B. Vitoria, Soto, Vasquez, Banez, de Castro, Molina, Suarez u. a. Neuere Untersuchungen, insbesondere von J. Larequi, haben ergeben, daß Francisco Suarez wohl als erster den neuzeitlichen Begriff des Völkerrechts klar umschrieben hat, und daß Grotius diesen Begriff von Suarez übernommen hat. Während nämlich Grotius in seinem Jugendwerk „De jure praedae" (1604/05) das Jus gentium noch als *bei* allen Völkern geltendes Recht verstand, hat er später – 1625 – unter auffallender Verwendung der Terminologie des von Suarez 1612 veröffentlichten Werkes „De Legibus" das Jus gentium als *zwischenstaatliches Recht* definiert. Im übrigen liegen die ideengeschichtlichen Zusammenhänge zwischen der spanischen Staatslehre des 16. Jahrhunderts und der Entwicklung der Staatslehre des 17. und 18. Jahrhunderts noch weithin im Dunkel.

Dr. Martin Herold

Zur Jugenderziehung der Erzherzöge Joseph und Leopold sei es mir gestattet, auf zwei Daten aus meiner Mitarbeit mit Herrn Professor Conrad hinzuweisen, die den politischen Generationenunterschied, der sich zwischen Joseph, geb. 1741, und seinem Bruder und Nachfolger als Kaiser Leopold, geb. 1747, ab 1760 langsam herausbildet, noch verdeutlichen. Der Altersunterschied von sechs Jahren besteht auch bei ihren Lehrern Martini und Beck. Beck ist in Langensalza 1720, der Trienter Martini 1726 geboren. Der akademische Unterricht im 15. bis 19. Lebensjahr fällt bei Erzherzog Joseph in die Jahre 1755 bis 1759. Hier wird in Berichten des Staatssekretärs Bartenstein und des Obersthofmeisters Khevenhüller als Lehrer für Naturrecht jedenfalls nur Beck erwähnt. Christian August Beck, später Freiherr, war aus dem Reichsdienst kommend seit 1748 Professor für Staats- und Lehenrecht an der Wiener Theresianischen Ritterakademie und niederösterreichischer Regierungsrat, hatte über österreichisches und über ungarisches Staatsrecht gearbeitet, ein Handbuch der Staatspraxis oder Kanzleiübung aus der Politik, dem Staats- und Völkerrechte für Diplomaten verfaßt, auch Staatstheorien in einer Akademieabhandlung kritisch gemustert. Das liegt alles vor dem Beginn des Unterrichts, den er Joseph erteilt, als dessen Leitfaden er sein Natur- und Völkerrecht im Benehmen mit Bartenstein entwarf, zu dessen engerem Kreis er anscheinend gehört hat. 1766 schied Beck als Reichshofratreferendarius aus und ging nach Lunéville in Lothringen; nach vorläufig noch sehr lückenhaften Nachrichten hört man wenig mehr über ihn. Seine Staatspraxis legte er 1778 nochmals auf, starb um 1781–1783 in Wien. Sein Natur- und Völkerrecht und das ungarische Staatsrecht wurden 1790 gedruckt. Martini, seit 1754 Professor an der Wiener Universität, hatte, als er 1761 in den Unterricht der Söhne und Töchter Maria Theresias eintrat, seine späteren naturrechtlichen Hauptwerke noch kaum angegangen. Neben einer Geschichte des römischen Rechts von 1755 hatte er sich vorwiegend Einzelforschungen und der Edition älterer Naturrechtslehrer vor und nach 1600, Mercerus, Oldendorp, Merillus, gewidmet. Nun aber scheint er seine ganze wissenschaftliche Arbeitskraft in die Erziehungsjahre vor allem Leopolds zusammengedrängt zu haben. Denn nach seiner Schrift De lege naturali positiones von 1767 erwähnt er in seinen Positiones de jure civitatis 1768, worauf Sie ja hinwiesen, daß die Erstfassung jener Arbeit sieben Jahre zurück, also 1761/62 liege und auf diesen Unterricht Leopolds, seit 1765 Großherzog von Toskana, zurückgehe, und er nennt dabei auch die Sechs akademischen Übungen (Exercitationes) über das Naturrecht (1770 in 2. Aufl.) als bereits nahezu vollendet. Weiteres an literarischem Lebenswerk Martinis liegt nach den Jahren 1761–1768 kaum mehr vor; es ist alles fertig. Nachher kommen vor allem laufend Neudrucke, dazu Erläuterungen, meist durch Dritte, auch diese in Neuauflage bis 1840, während Martini selbst mit einer authentischen Übersetzung seiner lateinischen Hauptschriften als Lehrbegriff des Naturrechts und Allgemeines Recht der Staaten 1797 abschloß. Das bleibt also lebendig bis um 1830, bis dann in einer Denkschrift von 1832 erörtert wird, ob es noch zweckmäßig sei, Martinis Theorien im Lehrbuch zu benutzen. So ist also nach dem, was wir bisher wissen, hier ein wesentlicher Unterschied in der Jugenderziehung der beiden Brüder doch ganz deutlich. Wie es nachher wurde, ist eine andere Frage; aber da war ja die Jugenderziehung abgeschlossen.

Professor Dr. jur. Hermann Conrad

Ich bin außerordentlich dankbar für die zahlreichen Anregungen, die ich in der Diskussion empfangen habe. Ich muß ganz offen sagen, daß ich darauf gehofft hatte. Daß meine Ausführungen letzten Endes nur einen begrenzten Ausschnitt aus einem weiten Gebiete behandelten, ist ja wohl allen von vornherein klargeworden. Dazu muß ich auch noch sagen, daß ich kein Rechtsphilosoph, sondern Rechtshistoriker bin. Der Unterschied zwischen beiden ist sehr stark, und die Beschränkung, die sich der Rechtshistoriker in rechtsphilosophischen Fragen auferlegen muß, ist nicht unerheblich. Es ist falsch, wenn Rechtshistoriker zu rechtsphilosophisch werden. Sie haben bemerkt, daß ich mich auf diese Materie beschränkt habe, wo sich die Rechtsphilosophie umsetzt in Rechtsgeschichte. Ich glaube, daß dies wohl nicht nur ein Vorwurf sein dürfte, sondern letzten Endes eine Selbstbeschränkung zeigt, die man sich auferlegen muß, weil man die andere Materie nicht so beherrscht.

Herr Abg. Bollig, um anzufangen in Erinnerungen an unsere gemeinsame Studienzeit, da wir zu Füßen unseres bedeutenden Lehrers des römischen Rechts Franz Haymann, der später in der Verbannung gestorben ist, gesessen haben, so möchte ich sagen, daß ich die Rechtsgeschichte niemals anders aufgefaßt habe als eine Erziehung der modernen juristischen Jugend zu einem echten Rechtsgefühl und einer Rechtsüberzeugung. Man kann auch mit dem unvergeßlichen Heinrich Mitteis sagen, daß die Rechtsgeschichte die Darstellung des Ganges der Rechtsidee durch die Geschichte ist. Das dürfen wir als Rechtshistoriker niemals vergessen, auch nicht, daß der Rechtspositivismus in der Rechtsgeschichte erfreulicherweise überwunden ist. In diesem Sinne habe ich mein Lehrbuch der deutschen Rechtsgeschichte angefaßt, und ich hoffe, daß ich es mit Hilfe und Unterstützung des Landes

Nordrhein-Westfalen auch bald zu Ende führen kann und der zweite Band erscheint, in dem wesentliche Probleme der Rechtsentwicklung behandelt werden, die uns zum Teil heute beschäftigt haben. Im Zusammenhang mit dieser umfassenden Arbeit bin ich auf die verfassungsrechtlichen Probleme des 18. Jahrhunderts gestoßen und habe letzten Endes die große Ausgabe der Vorträge von Svarez nur mit Hilfe von Herrn Staatssekretär Brandt und der Arbeitsgemeinschaft für Forschung machen können. Ich hoffe, daß diese Arbeit nicht vergebens ist, daß sie auch Bedeutung gewinnt für das deutsche Ansehen im Ausland, weil sie zeigt, welche bahnbrechenden Rechtsgedanken in Preußen am Ende des 18. Jahrhunderts geherrscht haben.

Nun möchte ich auf die Kritik der Herren Kollegen der neueren Geschichte, der Herren Braubach und Wandruszka, eingehen. Ich freue mich, daß Sie zur Diskussion gesprochen haben, weil ich von Ihnen eine besondere Belehrung erwartet und erfreulicherweise auch erfahren habe.

Ich muß sagen, daß eine ganz erhebliche Lücke bei Joseph II. klafft. Ich habe festgestellt, daß das Material des Unterrichts Josephs II. im Recht im wesentlichen noch unbearbeitet im Haus-, Hof- und Staatsarchiv in Wien liegt. Ich glaube, daß man hier in großem Umfange mit einer Editionsarbeit ansetzen muß. Was es bedeutet, solches Material auszuwerten, brauche ich nicht besonders zu betonen. Das kann ich natürlich – ich sage das ganz offen – nicht allein durchführen; das geht über meine Kräfte. Wir müssen schon in einer Gemeinschaft diese wichtige Forschungsaufgabe in Angriff nehmen. Da die Arbeiten wenigstens zum Teil in Wien im Haus-, Hof- und Staatsarchiv durchgeführt werden müssen, sind Geldaufwendungen hierzu unerläßlich. Vielleicht ließen sich auch tüchtige Doktoranden ansetzen. Doch hier ist die Finanzierung besonders schwierig.

Im 18. Jahrhundert gibt es drei große rechtshistorische Pole: 1. Frankreich, 2. Preußen, 3. Österreich. Ununterbrochen springt nun der Funke über bald nach Österreich, das führend wird, bald nach Preußen, dann wieder nach Frankreich. Es ist ein ununterbrochener Austausch. Dazwischen liegt fast völlig tot Bayern. Es war steckengeblieben im wesentlichen in der Pandektenwissenschaft. Doch bedarf es auch einer eingehenden Untersuchung der bayerischen Rechtsentwicklung. Hier bildet Kreittmayr eine Schlüsselfigur. An tiefgreifenden Arbeiten zu seinem doch bedeutenden Gesetzgebungswerke liegt auch in neuerer Zeit nur wenig vor. Wir müssen auch hier weiterkommen. Dies sollte in erster Linie die Aufgabe der bayerischen rechtsgeschichtlichen Forschung sein.

Etwas läßt sich schon jetzt in etwa feststellen, daß nämlich die konsequentere Durchführung der Aufklärung im Rechtsdenken in den protestantischen Ländern liegt, während in den katholischen Ländern, wie z. B. in Österreich und Bayern, die letzte Konsequenz fehlt, weil sich hier wohl Einwirkungen von seiten der älteren katholischen Naturrechtslehrer bemerkbar machten. Ich möchte auf dieses Problem hier hinweisen, ohne mich auf das Ergebnis festzulegen. Dies müßte man erst näher untersuchen. Man kann nur dann zu einer wirklichen Beurteilung der damaligen geistigen Situation kommen, wenn man sich an die Edition neuen, bisher ungedruckten Materials setzt.

In dem Augenblick, da die Vorträge von Svarez in den Abhandlungen dieser Arbeitsgemeinschaft veröffentlicht wurden, erschien die Ostberliner Dissertation von Uwe Jens Heuer. Diese Arbeit hat schon im Jahre 1956 als Manuskript vorgelegen. Wir haben das Manuskript in Bonn im Institut gehabt, als das Buch im Buchhandel erschien. Der Verfasser weist darauf hin, daß das im Jahre 1960 erschienene Buch Ende 1958 abgeschlossen worden sei; seitdem sei nichts verändert worden. Heuer hat nicht die geringste Kenntnis von den inzwischen in der Bundesrepublik erschienenen Arbeiten. Ich habe in diesen Tagen eine Besprechung für die Zeitschrift „Recht in Ost und West" gemacht, worin ich die Arbeit von Heuer eingehender kritisch behandelt habe. Das Gefährliche an dieser Arbeit ist, daß sie sich in einem wissenschaftlichen Gewande darbietet. Deswegen auch diese Besprechung in der erwähnten Zeitschrift; denn eine Auseinandersetzung auf dem rechtshistorischen Boden ist grundsätzlich ausgeschlossen, weil das Buch von Heuer ein pseudo-wissenschaftliches Werk zugunsten einer politischen Doktrin darstellt. Man sieht, wie von der andern Seite in dieser Richtung gearbeitet wird, und ich muß es noch einmal betonen, daß wir nicht dankbar genug sein können, daß von der Arbeitsgemeinschaft für Forschung die Geldmittel zur Verfügung gestellt worden sind, um die Vorträge von Svarez zu veröffentlichen.

Auf die andern Fragen kann ich nicht im einzelnen eingehen; es sind zu viele Dinge angeschnitten worden, auf die man sicher noch viel sagen könnte. Gestatten Sie mir, noch auf den Einfluß Kants auf die Rechtsentwicklung am Ende des 18. Jahrhunderts einzugehen. Zeiller, der Verfasser des österreichischen ABGB, hat ein Buch „Das natürliche Privatrecht" geschrieben – ein kleines Lehrbuch des Privatrechts auf der Grundlage des Naturrechts. In diesem Werk ist Kant zum Teil ausgeschrieben; denn Zeiller war Anhänger Kants. Dessen Einfluß auf das österreichische

Gesetzeswerk von 1811 ist unverkennbar. Man kann hier sehen, wie Kant sich in der Gesetzgebung durchgesetzt hat.

Ich glaube, bei aller Zielsetzung im Hinblick auf die augenblickliche politische Situation, Herr Abg. Bollig, befreit uns nichts von der Verpflichtung, mit aller Exaktheit wissenschaftlich zu arbeiten. Ich bin ein Schüler von Hans Planitz und wie dieser stark an die Quellen gebunden. Ich weiß, dies ist vielleicht eine Beschränkung, vielleicht aber auch ein Vorteil. Ich glaube, wir müssen so arbeiten, um überhaupt weiterzukommen, und ich hoffe, daß dieser Vortrag, auch in dieser Richtung gesehen, etwas zur Förderung der Forschung über den aufgeklärten Absolutismus beigetragen hat.

VERÖFFENTLICHUNGEN DER ARBEITSGEMEINSCHAFT FÜR FORSCHUNG DES LANDES NORDRHEIN-WESTFALEN

NATURWISSENSCHAFTEN

Friedrich Seewald, Aachen	Neue Entwicklungen auf dem Gebiet der Antriebsmaschinen
Friedrich A. F. Schmidt, Aachen	Technischer Stand und Zukunftsaussichten der Verbrennungsmaschinen, insbesondere der Gasturbinen
Rudolf Friedrich, Mülheim (Ruhr)	Möglichkeiten und Voraussetzungen der industriellen Verwertung der Gasturbine
Wolfgang Riezler, Bonn	Probleme der Kernphysik
Fritz Micheel, Münster	Isotope als Forschungsmittel in der Chemie und Biochemie
Emil Lehnartz, Münster	Der Chemismus der Muskelmaschine
Gunther Lehmann, Dortmund	Physiologische Forschung als Voraussetzung der Bestgestaltung der menschlichen Arbeit
Heinrich Kraut, Dortmund	Ernährung und Leistungsfähigkeit
Franz Wever, Düsseldorf	Aufgaben der Eisenforschung
Hermann Schenck, Aachen	Entwicklungslinien des deutschen Eisenhüttenwesens
Max Haas, Aachen	Die wirtschaftliche und technische Bedeutung der Leichtmetalle und ihre Entwicklungsmöglichkeiten
Walter Kikuth, Düsseldorf	Virusforschung
Rolf Danneel, Bonn	Fortschritte der Krebsforschung
Werner Schulemann, Bonn	Wirtschaftliche und organisatorische Gesichtspunkte für die Verbesserung unserer Hochschulforschung
Walter Weizel, Bonn	Die gegenwärtige Situation der Grundlagenforschung in der Physik
Siegfried Strugger, Münster	Das Duplikantenproblem in der Biologie
Fritz Gummert, Essen	Überlegungen zu den Faktoren Raum und Zeit im biologischen Geschehen und Möglichkeiten einer Nutzanwendung
August Götte, Aachen	Steinkohle als Rohstoff und Energiequelle
Karl Ziegler, Mülheim (Ruhr)	Über Arbeiten des Max-Planck-Institutes für Kohlenforschung
Wilhelm Fucks, Aachen	Die Naturwissenschaft, die Technik und der Mensch
Walther Hoffmann, Münster	Wirtschaftliche und soziologische Probleme des technischen Fortschritts
Franz Bollenrath, Aachen	Zur Entwicklung warmfester Werkstoffe
Heinrich Kaiser, Dortmund	Stand spektralanalytischer Prüfverfahren und Folgerung für deutsche Verhältnisse
Hans Braun, Bonn	Möglichkeiten und Grenzen der Resistenzzüchtung
Carl Heinrich Dencker, Bonn	Der Weg der Landwirtschaft von der Energieautarkie zur Fremdenergie
Herwart Opitz, Aachen	Entwicklungslinien der Fertigungstechnik in der Metallbearbeitung
Karl Krekeler, Aachen	Stand und Aussichten der schweißtechnischen Fertigungsverfahren
Hermann Rathert, Wuppertal-Elberfeld	Entwicklung auf dem Gebiet der Chemiefaser-Herstellung
Wilhelm Weltzien, Krefeld	Rohstoff und Veredelung in der Textilwirtschaft
Karl Herz, Frankfurt a. M.	Die technischen Entwicklungstendenzen im elektrischen Nachrichtenwesen
Leo Brandt, Düsseldorf	Navigation und Luftsicherung
Burckhardt Helferich, Bonn	Stand der Enzymchemie und ihre Bedeutung
Hugo Wilhelm Knipping, Köln	Ausschnitt aus der klinischen Carcinomforschung am Beispiel des Lungenkrebses
Abraham Esau †, Aachen	Ortung mit elektrischen und Ultraschallwellen in Technik und Natur
Eugen Flegler, Aachen	Die ferromagnetischen Werkstoffe der Elektrotechnik und ihre neueste Entwicklung
Rudolf Seyffert, Köln	Die Problematik der Distribution
Theodor Beste, Köln	Der Leistungslohn
Friedrich Seewald, Aachen	Die Flugtechnik und ihre Bedeutung für den allgemeinen technischen Fortschritt

Edouard Houdremont †, Essen	Art und Organisation der Forschung in einem Industriekonzern
Werner Schulemann, Bonn	Theorie und Praxis pharmakologischer Forschung
Wilhelm Groth, Bonn	Technische Verfahren zur Isotopentrennung
Kurt Traenckner †, Essen	Entwicklungstendenzen der Gaserzeugung
M. Zvegintzov, London	Wissenschaftliche Forschung und die Auswertung ihrer Ergebnisse Ziel und Tätigkeit der National Research Development Corporation
Alexander King, London	Wissenschaft und internationale Beziehungen
Robert Schwarz, Aachen	Wesen und Bedeutung der Siliciumchemie
Kurt Alder †, Köln	Fortschritte in der Synthese der Kohlenstoffverbindungen
Otto Hahn, Göttingen	Die Bedeutung der Grundlagenforschung für die Wirtschaft
Siegfried Strugger, Münster	Die Erforschung des Wasser- und Nährsalztransportes im Pflanzenkörper mit Hilfe der fluoreszenzmikroskopischen Kinematographie
Johannes von Allesch, Göttingen	Die Bedeutung der Psychologie im öffentlichen Leben
Otto Graf, Dortmund	Triebfedern menschlicher Leistung
Bruno Kuske, Köln	Zur Problematik der wirtschaftswissenschaftlichen Raumforschung
Stephan Prager, Düsseldorf	Städtebau und Landesplanung
Rolf Danneel, Bonn	Über die Wirkungsweise der Erbfaktoren
Kurt Herzog, Krefeld	Der Bewegungsbedarf der menschlichen Gliedmaßengelenke bei der Arbeit
Otto Haxel, Heidelberg	Energiegewinnung aus Kernprozessen
Max Wolf, Düsseldorf	Gegenwartsprobleme der energiewirtschaftlichen Forschung
Friedrich Becker, Bonn	Ultrakurzwellenstrahlung aus dem Weltraum
Hans Straßl, Bonn	Bemerkenswerte Doppelsterne und das Problem der Sternentwicklung
Heinrich Behnke, Münster	Der Strukturwandel der Mathematik in der ersten Hälfte des 20. Jahrhunderts
Emanuel Sperner, Hamburg	Eine mathematische Analyse der Luftdruckverteilungen in großen Gebieten
Oskar Niemczyk, Aachen	Die Problematik gebirgsmechanischer Vorgänge im Steinkohlenbergbau
Wilhelm Ahrens, Krefeld	Die Bedeutung geologischer Forschung für die Wirtschaft, besonders in Nordrhein-Westfalen
Bernhard Rensch, Münster	Das Problem der Residuen bei Lernvorgängen
Hermann Fink, Köln	Über Leberschäden bei der Bestimmung des biologischen Wertes verschiedener Eiweiße von Mikroorganismen
Friedrich Seewald, Aachen	Forschungen auf dem Gebiete der Aerodynamik
Karl Leist, Aachen	Einige Forschungsarbeiten aus der Gasturbinentechnik
Fritz Mietzsch †, Wuppertal	Chemie und wirtschaftliche Bedeutung der Sulfonamide
Gerhard Domagk, Wuppertal	Die experimentellen Grundlagen der bakteriellen Infektionen
Hans Braun, Bonn	Die Verschleppung von Pflanzenkrankheiten und Schädlingen über die Welt
Wilhelm Rudorf, Voldagsen	Der Beitrag von Genetik und Züchtung zur Bekämpfung von Viruskrankheiten der Nutzpflanzen
Volker Aschoff, Aachen	Probleme der elektroakustischen Einkanalübertragung
Herbert Döring, Aachen	Die Erzeugung und Verstärkung von Mikrowellen
Rudolf Schenck, Aachen	Bedingungen und Gang der Kohlenhydratsynthese im Licht
Emil Lehnartz, Münster	Die Endstufen des Stoffabbaues im Organismus
Wilhelm Fucks, Aachen	Mathematische Analyse von Sprachelementen, Sprachstil und Sprachen
Hermann Schenck, Aachen	Gegenwartsprobleme der Eisenindustrie in Deutschland
Eugen Piwowarsky †, Aachen	Gelöste und ungelöste Probleme im Gießereiwesen
Wolfgang Riezler, Bonn	Teilchenbeschleuniger
Gerhard Schubert, Hamburg	Anwendung neuer Strahlenquellen in der Krebstherapie
Franz Lotze, Münster	Probleme der Gebirgsbildung
Colin Cherry, London	Kybernetik. Die Beziehung zwischen Mensch und Maschine
Erich Pietsch, Clausthal-Zellerfeld	Dokumentation und mechanisches Gedächtnis — zur Frage der Ökonomie der geistigen Arbeit
Heinz Haase, Hamburg	Infrarot und seine technischen Anwendungen
Abraham Esau †, Aachen	Der Ultraschall und seine technischen Anwendungen
Fritz Lange, Bochum-Hordel	Die wirtschaftliche und soziale Bedeutung der Silikose im Bergbau
Walter Kikuth und Werner Schliepköter, Düsseldorf	Die Entstehung der Silikose und ihre Verhütungsmaßnahmen
Eberhard Gross, Bonn	Berufskrebs und Krebsforschung
Hugo Wilhelm Knipping, Köln	Die Situation der Krebsforschung vom Standpunkt der Klinik

Gustav-Victor Lachmann, London	An einer neuen Entwicklungsschwelle im Flugzeugbau
A. Gerber, Zürich-Oerlikon	Stand der Entwicklung der Raketen- und Lenktechnik
Theodor Kraus, Köln	Über Lokalisationsphänomene und Ordnungen im Raume
Fritz Gummert, Essen	Vom Ernährungsversuchsfeld der Kohlenstoffbiologischen Forschungsstation Essen
Gerhard Domagk, Wuppertal	Fortschritte auf dem Gebiet der experimentellen Krebsforschung
Giovanni Lampariello, Rom	Das Leben und das Werk von Heinrich Hertz
Walter Weizel, Bonn	Das Problem der Kausalität in der Physik
José Ma Albareda, Madrid	Die Entwicklung der Forschung in Spanien
Burckhardt Helferich, Bonn	Über Glykoside
Fritz Micheel, Münster	Kohlennydrat-Eiweißverbindungen und ihre biochemische Bedeutung
John von Neumann †, Princeton, USA	Entwicklung und Ausnutzung neuerer mathematischer Maschinen
Eduard Stiefel, Zürich	Rechenautomaten im Dienste der Technik
Wilhelm Weltzien, Krefeld	Ausblick auf die Entwicklung synthetischer Fasern
Walther Hoffmann, Münster	Wachstumsprobleme der Wirtschaft
Leo Brandt, Düsseldorf	Die praktische Förderung der Forschung in Nordrhein-Westfalen
Ludwig Raiser, Bad Godesberg	Die Förderung der angewandten Forschung durch die Deutsche Forschungsgemeinschaft
Hermann Tromp, Rom	Die Bestandsaufnahme der Wälder der Welt als internationale und wissenschaftliche Aufgabe
Franz Heske, Schloß Reinbek	Die Wohlfahrtswirkungen des Waldes als internationales Problem
Günther Bohnecke, Hamburg	Zeitfragen der Ozeanographie
Heinz Gabler, Hamburg	Nautische Technik und Schiffssicherheit
Fritz A. F. Schmidt, Aachen	Probleme der Selbstzündung und Verbrennung bei der Entwicklung der Hochleistungskraftmaschinen
August-Wilhelm Quick, Aachen	Ein Verfahren zur Untersuchung des Austauschvorganges in verwirbelten Strömungen hinter Körpern mit abgelöster Strömung
Johannes Pätzold, Erlangen	Therapeutische Anwendung mechanischer und elektrischer Energie
F. A. W. Patmore, London	Der Air Registration Board und seine Aufgaben im Dienst der britischen Flugzeugindustrie
A. D. Young, London	Gestaltung der Lehrtätigkeit in der Luftfahrttechnik in Großbritannien
D. C. Martin, London	Geschichte und Organisation der Royal Society
A. J. A. Roux, Südafrika	Probleme der wissenschaftlichen Forschung in der Südafrikanischen Union
Georg Schnadel, Hamburg	Forschungsaufgaben zur Untersuchung der Festigkeitsprobleme im Schiffsbau
Wilhelm Sturtzel, Duisburg	Forschungsaufgaben zur Untersuchung der Widerstandsprobleme im See- und Binnenschiffbau
Giovanni Lampariello, Rom	Von Galilei zu Einstein
Walter Dieminger, Lindau/Harz	Ionosphäre und drahtloser Weitverkehr
Sir John Cockcroft, London	Die friedliche Anwendung der Atomenergie
Fritz Schultz-Grunow, Aachen	Das Kriechen und Fließen hochzäher und plastischer Stoffe
Hans Ebner, Aachen	Wege und Ziele der Festigkeitsforschung, besonders im Hinblick auf den Leichtbau
Ernst Derra, Düsseldorf	Der Entwicklungsstand der Herzchirurgie
Gunther Lehmann, Dortmund	Muskelarbeit und Muskelermüdung in Theorie und Praxis
Theodor von Kármán, Pasadena	Freiheit und Organisation in der Luftfahrtforschung
Leo Brandt, Düsseldorf	Bericht über den Wiederbeginn deutscher Luftfahrtforschung
Fritz Schröter, Ulm	Neue Forschungs- und Entwicklungsrichtungen im Fernsehen
Albert Narath, Berlin	Der gegenwärtige Stand der Filmtechnik
Richard Courant, New York	Die Bedeutung der modernen mathematischen Rechenmaschinen für mathematische Probleme der Hydrodynamik und Reaktortechnik
Ernst Peschl, Bonn	Die Rolle der komplexen Zahlen in der Mathematik und die Bedeutung der komplexen Analysis
Wolfgang Flaig, Braunschweig	Zur Grundlagenforschung auf dem Gebiet des Humus und der Bodenfruchtbarkeit
Eduard Mückenhausen, Bonn	Typologische Bodenentwicklung und Bodenfruchtbarkeit
Walter Georgii, München	Aerophysikalische Flugforschung

Klaus Oswatitsch, Aachen	Gelöste und ungelöste Probleme der Gasdynamik
A. Butenandt, Tübingen	Über die Analyse der Erbfaktorenwirkung und ihre Bedeutung für biochemische Fragestellungen
J. Straub, Köln	Quantitative Genwirkung bei Polyploiden
Oskar Morgenstern, Princeton, USA	Der theoretische Unterbau der Wirtschaftspolitik
Bernhard Rensch, Münster	Die stammesgeschichtliche Sonderstellung des Menschen
Wilhelm Tönnis, Köln	Die neuzeitliche Behandlung frischer Schädelhirnverletzungen
Siegfried Strugger, Münster	Die elektronenmikroskopische Darstellung der Feinstruktur des Protoplasmas mit Hilfe der Uranylmethode und die zukünftige Bedeutung für die Erforschung der Strahlenwirkung
Wilhelm Fucks, Aachen	Bildliche Darstellung der Verteilung und der Bewegung von radioaktiven Substanzen im Raum, insbesondere von biologischen Objekten (Physikalischer Teil)
Hugo Wilhelm Knipping und Erich Liese, Köln	Bildgebung von Radioisotopenelementen im Raum bei bewegten Objekten (Herz, Lungen etc.) (Medizinischer Teil)
Friedrich Paneth †, Mainz	Die Bedeutung der Isotopenforschung für geochemische und kosmochemische Probleme
J. Hans D. Jensen und H. A. Weidenmüller, Heidelberg	Die Nichterhaltung der Parität
Francis Perrin, Paris	Die Verwendung der Atomenergie für industrielle Zwecke
Hans Lorenz, Berlin	Forschungsergebnisse auf dem Gebiete der Bodenmechanik als Wegbereiter für Gründungsverfahren
Georg Garbotz, Aachen	Die Bedeutung der Baumaschinen- und Baubetriebsforschung für die Praxis
Maurice Roy, Chatillon	Luftfahrtforschung in Frankreich und ihre Perspektiven im Rahmen Europas
Alexander Naumann, Aachen	Methoden und Ergebnisse der Windkanalforschung
Sir Harry Melville, K.C.B., F.R.S., London	Die Anwendung von radioaktiven Isotopen und hoher Energiestrahlung in der polymeren Chemie
Eduard Justi, Braunschweig	Elektrothermische Kühlung und Heizung. Grundlagen und Möglichkeiten
Richard Vieweg, Braunschweig	Maß und Messen in Geschichte und Gegenwart
Fritz Baade, Kiel	Gesamtdeutschland und die Integration Europas
Günther Schmölders, Köln	Ökonomische Verhaltensforschung
Rudolf Wille, Berlin	Modellvorstellungen zur Behandlung des Übergangs laminar — turbulent, hergeleitet aus Versuchen an Freistrahlen und Flachwasserströmungen
Josef Meixner, Aachen	Neuere Entwicklung der Thermodynamik
A. Gustafsson, Diter von Wettstein und Lars Ehrenberg, Stockholm	Mutationsforschung und Züchtung
Josef Straub, Köln	Mutationsauslösung durch ionisierende Strahlung
Martin Kersten, Aachen	Neuere Versuche zur physikalischen Deutung technischer Magnetisierungsvorgänge
Günther Leibfried, Aachen	Zur Theorie idealer Kristalle
W. Klemm, Münster	Neue Wertigkeitsstufen bei den Übergangselementen
H. Zahn, Aachen	Die Wollforschung in Chemie und Physik von heute
Henri Cartan, Paris	Nicolas Bourbaki und die heutige Mathematik
Harald Cramér, Stockholm	Aus der neueren mathematischen Wahrscheinlichkeitslehre
Georg Melchers, Tübingen	Die Bedeutung der Virusforschung für die moderne Genetik
Alfred Kühn, Tübingen	Über die Wirkungsweise von Erbfaktoren
Fréderic Ludwig, Paris	Experimentelle Studien über die Distanzeffekte in bestrahlten vielzelligen Organismen
A. H. W. Aten jr., Amsterdam	Die Anwendung radioaktiver Isotope in der chemischen Forschung
Hans Herloff Inhoffen, Braunschweig	Chemische Übergänge von Gallensäuren in cancerogene Stoffe und ihre möglichen Beziehungen zum Krebsproblem
Rolf Danneel, Bonn	Entstehung, Funktion und Feinbau der Mitochondrien
Max Born, Bad Pyrmont	Der Realitätsbegriff in der Physik
Joachim Wüstenberg	Der gegenwärtige ärztliche Standpunkt zum Problem der Beeinflussung der Gesundheit durch Luftverunreinigungen
Paul Schmidt, München	Periodisch wiederholte Zündungen durch Stoßwellen

Walter Kikuth, Düsseldorf	Die Infektionskrankheiten im Spiegel historischer und neuzeitlicher Betrachtungen
R. Jung, Aachen	Die geodätische Erschließung Kanadas mit Hilfe der elektronischen Entfernungsmessung
H. E. Schwiete, Aachen	Ein zweites Steinzeitalter? — Gesteinshüttenkunde früher und heute
Horst Rothe, Karlsruhe	Der Molekular-Verstärker und seine Anwendung
Roland Lindner, Göteborg	Atomkernforschung und Chemie, aktuelle Probleme
Paul Denzel, Aachen	Technische Probleme der Energieumwandlung und -fortleitung
J. Capelle	Der Stand der Ingenieurausbildung in Frankreich
Friedrich Panse, Düsseldorf	Klinische Psychologie, ein psychiatrisches Bedürfnis
Heinrich Kraut, Dortmund	Die Deckung des Bedarfs an Vitaminen und Mineralstoffen in der Bundesrepublik
Max Haas, Aachen	Neuzeitliche Erkenntnisse aus der Geschichte der Leichtmetalle
Wilhelm Bischof, Dortmund	Materialprüfung — Praxis und Wissenschaft
Edgar Rössger, Berlin	Zur Analyse der auf angebotene tkm umgerechneten Verkehrsaufwendungen und Verkehrserträge im Luftverkehr
Günther Ulbricht, Oberpfaffenhofen	Die Funknavigationsverfahren und ihre physikalischen Grenzen
Franz Wever, Düsseldorf	Das Schwert in Mythos und Handwerk
Ernst Hermann Schulz, Dortmund	Über die Ergebnisse neuerer metallkundlicher Untersuchungen alter Eisenfunde und ihre Bedeutung für die Technik und die Archäologie
Hermann Schenck, Aachen	Wertung und Nutzung der wissenschaftlichen Arbeit am Beispiel des Eisenhüttenwesens
Oskar Löbl, Essen	Streitfragen bei der Kostenberechnung des Atomstroms
Frederic de Hoffmann, Zürich	Ein neuer Weg zur Kostensenkung des Atomstroms
Rudolf Schulten, Mannheim	Die Entwicklung des Hochtemperaturreaktors
Hans-Ernst Schwiete, Aachen	Ein zweites Steinzeitalter?

VERÖFFENTLICHUNGEN DER ARBEITSGEMEINSCHAFT FÜR FORSCHUNG DES LANDES NORDRHEIN-WESTFALEN

GEISTESWISSENSCHAFTEN

Werner Richter, Bonn	Von der Bedeutung der Geisteswissenschaften für die Bildung unserer Zeit
Joachim Ritter, Münster	Die Lehre vom Ursprung und Sinn der Theorie bei Aristoteles
Josef Kroll, Köln	Elysium
Günther Jachmann, Köln	Die vierte Ekloge Vergils
Hans Erich Stier, Münster	Die klassische Demokratie
Werner Caskel, Köln	Lihyan und Lihyanisch. Sprache und Kultur eines früharabischen Königreiches
Thomas Ohm, Münster	Stammesreligionen im südlichen Tanganyika-Territorium
Georg Schreiber, Münster	Deutsche Wissenschaftspolitik von Bismarck bis zum Atomwissenschaftler Otto Hahn
Walter Holtzmann, Bonn	Das mittelalterliche Imperium und die werdenden Nationen
Werner Caskel, Köln	Die Bedeutung der Beduinen in der Geschichte der Araber
Georg Schreiber, Münster	Irland im deutschen und abendländischen Sakralraum
Peter Rassow, Köln	Forschungen zur Reichs-Idee im 16. und 17. Jahrhundert
Hans Erich Stier, Münster	Roms Aufstieg zur Weltmacht und die griechische Welt
Karl Heinrich Rengstorf, Münster	Mann und Frau im Urchristentum
Hermann Conrad, Bonn	Grundprobleme einer Reform des Familienrechtes
Max Braubach, Bonn	Der Weg zum 20. Juli 1944 — Ein Forschungsbericht
Paul Hübinger, Münster	Das deutsch-französische Verhältnis und seine mittelalterlichen Grundlagen
Franz Steinbach, Bonn	Der geschichtliche Weg des wirtschaftenden Menschen in die soziale Freiheit und politische Verantwortung
Josef Koch, Köln	Die Ars coniecturalis des Nikolaus von Kues
James B. Conant, USA	Staatsbürger und Wissenschaftler
Karl Heinrich Rengstorf, Münster	Antike und Christentum
Richard Alewyn, Köln	Klopstocks Publikum
Fritz Schalk, Köln	Das Lächerliche in der französischen Literatur des Ancien Régime
Ludwig Raiser, Bad Godesberg	Rechtsfragen der Mitbestimmung
Martin Noth, Bonn	Das Geschichtsverständnis der alttestamentlichen Apokalyptik
Walter F. Schirmer, Bonn	Glück und Ende der Könige in Shakespeares Historien
Theodor Klauser, Bonn	Die römische Petrustradition im Lichte der neuen Ausgrabungen unter der Peterskirche
Hans Peters, Köln	Die Gewaltentrennung in moderner Sicht
Fritz Schalk, Köln	Calderon und die Mythologie
Josef Kroll, Köln	Vom Leben geflügelter Worte
Thomas Ohm, Münster	Die Religionen in Asien
Johann Leo Weisgerber, Bonn	Die Ordnung der Sprache im persönlichen und öffentlichen Leben
Werner Caskel, Köln	Entdeckungen in Arabien
Max Braubach, Bonn	Landesgeschichtliche Bestrebungen und historische Vereine im Rheinland
Fritz Schalk, Köln	Somnium und verwandte Wörter in den romanischen Sprachen
Friedrich Dessauer, Frankfurt a. M.	Reflexionen über Erbe und Zukunft des Abendlandes
Thomas Ohm, Münster	Ruhe und Frömmigkeit
Hermann Conrad, Bonn	Die mittelalterliche Besiedlung des deutschen Ostens und das Deutsche Recht
Hans Sckommodau, Köln	Die religiösen Dichtungen Margaretes von Navarra
Herbert von Einem, Bonn	Der Mainzer Kopf mit der Binde
Joseph Höffner, Münster	Statik und Dynamik in der scholastischen Wirtschaftsethik
Fritz Schalk, Köln	Diderots Essai über Claudius und Nero
Gerhard Kegel Köln	Probleme des internationalen Enteignungs- und Währungsrechts
Johann Leo Weisgerber Bonn	Die Grenzen der Schrift — Der Kern der Rechtschreibereform
Richard Alewyn Köln	Von der Empfindsamkeit der Romantik

Theodor Schieder, Köln	Die Probleme des Rapallo-Vertrages. Eine Studie über die deutsch-russischen Beziehungen 1922—1926
Andreas Rumpf, Köln	Stilphasen der spätantiken Kunst
Ulrich Luck, Münster	Kerygma und Tradition in der Hermeneutik Adolf Schlatters
Walther Holtzmann, Rom	Das Deutsche historische Institut in Rom
Graf Wolff Metternich Rom	Die Bibliotheca Hertziana und der Palazzo Zuccari zu Rom
Harry Westermann, Münster	Person und Persönlichkeit als Wert im Zivilrecht
Johann Leo Weisgerber, Bonn	Die Namen der Ubier
Friedrich Karl Schumann, Münster	Mythos und Technik
Karl Heinrich Rengstorf, Münster	Die Anfänge des Diakonats
Georg Schreiber, Münster	Der Bergbau in Geschichte, Ethos und Sakralkultur
Hans J. Wolff, Münster	Die Rechtsgestalt der Universität
Heinrich Vogt, Bonn	Schadenersatzprobleme im Verhältnis von Haftungsgrund und Schaden
Max Braubach, Bonn	Der Einmarsch deutscher Truppen in die entmilitarisierte Zone am Rhein im März 1936. Ein Beitrag zur Vorgeschichte des zweiten Weltkrieges
Herbert von Einem, Bonn	Die „Menschwerdung Christi" des Isenheimer Altares
Ernst Joseph Cohn, London	Der englische Gerichtstag
Albert Woopen, Aachen	Die Zivilehe und der Grundsatz der Unauflöslichkeit der Ehe in der Entwicklung des italienischen Zivilrechts
Karl Kerényi, Ascona	Die Herkunft der Dionysosreligion nach dem heutigen Stand der Forschung
Herbert Jankuhn, Kiel	Die Ausgrabungen in Haithabu und ihre Bedeutung für die Handelsgeschichte des frühen Mittelalters
Stephan Skalweit, Bonn	Edmund Burke und Frankreich
Ulrich Scheuner, Bonn	Die Neutralität im heutigen Völkerrecht
Anton Moortgat, Berlin	Archäologische Forschungen der Max-Freiherr-von-Oppenheim-Stiftung im nördlichen Mesopotamien 1955
Joachim Ritter, Münster	Hegel und die französische Revolution
Hermann Conrad und Carl Arnold Willemsen, Bonn	Die Konstitutionen von Melfi Friedrichs II. von Hohenstaufen (1231)
Georg Schreiber, Münster	Der Islam und das christliche Abendland
Werner Conze, Münster	Die Strukturgeschichte des technisch-industriellen Zeitalters als Aufgabe für Forschung und Unterricht
Gerhard Hess, Heidelberg	Zur Entstehung der „Maximen" La Rochefoucaulds
Fritz Schalk, Köln	Poetica de Aristoteles traducia de latin. Illustrada y commentado por Juan Pablo Martiz Rizo (Erste kritische Ausgabe des spanischen Textes)
Ernst Langlotz, Bonn	Perseus, Dokumentation der Wiedergewinnung eines Meisterwerkes der griechischen Plastik
Geo Widengren, Uppsala	Iranisch-semitische Kulturbegegnung in parthischer Zeit
Josef M. Wintrich, Karlsruhe	Zur Problematik der Grundrechte
Josef Pieper, Münster	Über den Begriff der Tradition
Walter F. Schirmer, Bonn	Die frühen Darstellungen des Arthurstoffes
William Lloyd Prosser, Berkeley	Kausalzusammenhang und Fahrlässigkeit
Johann Leo Weisgerber, Bonn	Verschiebung in der sprachlichen Einschätzung von Menschen und Sachen
Walter H. Bruford, Cambridge	Fürstin Gallitzin und Goethe. Das Selbstvervollkommnungsideal und seine Grenze
Hermann Conrad, Bonn	Die geistigen Grundlagen des Allgemeinen Landrechts für die preußischen Staaten von 1794
Herbert von Einem, Bonn	Asmus Jacob Carstens, Die Nacht mit ihren Kindern
Paul Gieseke, Bad Godesberg	Eigentum und Grundwasser
Werner Richter, Bonn	Wissenschaft und Geist in der Weimarer Republik
Johann Leo Weisgerber, Bonn	Sprachenrecht und europäische Einheit
Otto Kirchheimer, New York	Gegenwartsprobleme der Asylgewährung
Alexander Knur, Bad Godesberg	Probleme der Zugewinngemeinschaft
Helmut Coing, Frankfurt a. M.	Die juristischen Auslegungsmethoden und die Lehren der allgemeinen Hermeneutik
André George, Paris	Der Humanismus und die Krise der Welt von heute
Harald von Petrikovits, Bonn	Das römische Rheinland. Archäologische Forschungen seit 1945

Franz Steinbach, Bonn	Ursprung und Wesen der Landgemeinde nach rheinischen Quellen
Josef Trier, Münster	Versuch über Flußnamen
C.R. van Paassen, Amsterdam	Platon in den Augen der Zeitgenossen
Pietro Quaroni	Die kulturelle Sendung Italiens
Theodor Klauser, Bonn	Christlicher Märtyrerkult, heidnischer Heroenkult und spätjüdische Heiligenverehrung
Herbert v. Einem, Bonn	Karl V. und Tizian
Friedrich Merzbacher, München	Die Bischofsstadt
Martin Noth, Bonn	Die Ursprünge des alten Israel im Lichte neuer Quellen

VERÖFFENTLICHUNGEN DER ARBEITSGEMEINSCHAFT FÜR FORSCHUNG DES LANDES NORDRHEIN-WESTFALEN

WISSENSCHAFTLICHE ABHANDLUNGEN

Wolfgang Priester, H.-G. Bennewitz und P. Lengrüßer, Bonn	Radiobeobachtungen des ersten künstlichen Erdsatelliten
Leo Weisgerber, Bonn	Verschiebung in der sprachlichen Einschätzung von Menschen und Sachen
Erich Meuthen, Marburg	Die letzten Jahre des Nikolaus von Kues
Hans Georg Kirchhoff, Rommerskirchen	Die staatliche Sozialpolitik im Ruhrbergbau 1871—1914
Günther Jachmann, Köln	Der homerische Schiffskatalog und die Ilias
Peter Hartmann, Münster	Das Wort als Name
Anton Moortgat, Berlin	Archäologische Forschungen der Max-Freiherr-von-Oppenheim-Stiftung im nördlichen Mesopotamien 1956
Wolfgang Priester und Gerhard Hergenhahn, Bonn	Bahnbestimmungen von Erdsatelliten aus Doppler-Effekt-Messungen
Harry Westermann, Münster	Welche gesetzlichen Maßnahmen zur Luftreinhaltung und zur Verbesserung des Nachbarrechts sind erforderlich?
Hermann Conrad und Gerd Kleinheyer, Bonn	Carl Gottlieb Svarez 1746—1796. Vorträge über Recht und Staat
Georg Schreiber, Münster	Die Wochentage im Erlebnis der Ostkirche und des christlichen Abendlandes
Günter Bandmann, Bonn	Melancholie und Musik
W. Goerdt, Münster	Fragen der Philosophie. Ein Materialbeitrag zur Erforschung der Sowjetphilosophie im Spiegel der Zeitschrift „Voprosy Filosofii" 1947—1956
Anton Morgaat, Berlin	Tell Chuéra in Nordost-Syrien. Grabung 1958
Gerd Dicke, Krefeld	Der Identitätsgedanke bei Feuerbach und Marx
Thea Buyken	Das römische Recht in den Constitutionen von Melfi
—	Das Karl-Arnold-Haus, Haus der Wissenschaften in Düsseldorf

SONDERHEFTE

Josef Pieper, Münster	Über den Philosophie-Begriff Platons
Walter Weizel, Bonn	Die Mathematik und die physikalische Realität
Gunther Lehmann, Dortmund	Arbeit bei hohen Temperaturen
Hans Kauffmann, Köln	Italienische Frührenaissance
—	18 neue Forschungsstellen im Land Nordrhein-Westfalen
—	Wissenschaft in Not

GPSR Compliance

The European Union's (EU) General Product Safety Regulation (GPSR) is a set of rules that requires consumer products to be safe and our obligations to ensure this.

If you have any concerns about our products, you can contact us on ProductSafety@springernature.com

In case Publisher is established outside the EU, the EU authorized representative is:

Springer Nature Customer Service Center GmbH
Europaplatz 3
69115 Heidelberg, Germany

Batch number: 10809636

Printed by Printforce, the Netherlands